牛津学科论文写作书系

孙　华　北京大学教授，北京大学“学术写作与表达”通识核心课主持人

李铁男　清华大学副教授，清华大学写作与沟通教学中心主任

金　立　浙江大学哲学学院教授，浙江大学中文写作教学研究中心执行主任

赵思渊　上海交通大学人文学院教授，上海交通大学学术写作与规范课程负责人

朱静宇　同济大学人文学院教授、博士生导师，同济大学人文学院教学院长

江　棘　中国人民大学教授，中国人民大学写作与表达中心执行主任

郑伟平　厦门大学哲学系教授、博士生导师，厦门大学写作教学中心课程组组长

杨　果　南方科技大学教授，南方科技大学人文中心写作与交流教研室主任

WRITING IN SOCIOLOGY

A Brief Guide

社会学写作指南

[美] 林恩·史密斯-洛温 *Lynn Smith-Lovin*

[美] 卡里·莫斯科维茨 *Cary Moskovitz*

著

李伟东 译

中国出版集团有限公司

研究出版社

图书在版编目（CIP）数据
社会学写作指南 /（美）林恩·史密斯－洛温,（美）卡里·莫斯科维茨著；李伟东译. -- 北京：研究出版社, 2025. 5. -- ISBN 978-7-5199-1889-7
Ⅰ. H152.3-62
中国国家版本馆 CIP 数据核字第 20255ZH206 号

出 品 人：陈建军
出版统筹：丁　波
责任编辑：张　璐

社会学写作指南

SHEHUIXUE XIEZUO ZHINAN

［美］林恩·史密斯－洛温　［美］卡里·莫斯科维茨　著　李伟东　译
研究出版社 出版发行
（100006　北京市东城区灯市口大街 100 号华腾商务楼）
天津鸿景印刷有限公司　新华书店经销
2025 年 9 月第 1 版　2025 年 9 月第 1 次印刷
开本：880 毫米 ×1230 毫米　1/32　印张：10.5
字数：235 千字
ISBN 978-7-5199-1889-7　定价：78.00 元
电话（010）64217619　64217652（发行部）

献给米勒（Miller）。他教会我删除感叹号、“多余的引号”以及复合主语和宾语。

——林恩

献给我的妈妈。但愿每个孩子都像我一样幸运。

——卡里

中文版总序

孙华，北京大学教授，“学术写作与表达”课程负责人

从 2019 年筹备北京大学写作中心，到持续 10 个学期建设北大通识核心课程“学术写作与表达”，我和不同学科专业的老师一直在讨论如何更好地建设学术写作课，为学生提供可持续发展的学术写作之路。我们这门课是通过学术规范、论文结构、文献检索、语法修辞、逻辑思维和高效表达的内容，提升学生的学术写作素养和表达能力，为学生打下一个学术写作的基础。然而，随着进入高年级的专业学习，学生需要更精准的指导，这要求学术写作课要从通用技巧深入到学科特性，为学生提供专业论文、实验报告等的学术写作支持。

牛津大学出版社策划出版的这个“牛津学科论文写作”系列丛书，汇聚了各学科具有代表性的学者，针对不同学科的写作规

范、语言风格、文献引用等方面的不同特点，帮助大学生和研究生提升学术写作的水平。翻译出版“牛津学科论文写作”丛书，一方面是克服语言障碍，让更多的中国学生受益，更好地了解国际学术标准和话语体系，另一方面是解决了目前高校的写作课程大多为通识课程，特别需要针对高年级学生不同学科的特点进行细分学术写作指导这个问题。三是每一册皆以精准的学科视角拆解写作规范，辅以实例与策略，将庞杂的学术传统凝练为可操作的指南。这有利于部分缺乏专业写作教学培训的老师在课堂上更好地进行学术指导；同时也扩大了自适应学习的资源，学生可以通过这些高质量的教材找到更适合自己学科的写作材料、范例等。

这个系列涵盖哲学、历史、社会学、政治学、人类学、工程学、生理学、护理学、音乐学等学科，也是由国内各领域知名学者承担翻译，保证了丛书中译本的权威性，助力同学们在专业学习中更从容地应对各种学术挑战，更顺利地走上学术研究之路。

英文版总序

主编 托马斯·迪恩斯（Thomas Deans）

米娅·波（Mya Poe）

虽然现在许多高校院系的各类学科都开设了写作强化课程，但很少有书籍能精准满足各门课程的确切需求。本书系致力于这一任务。以简洁、直接、实用的方式，“牛津学科论文写作”书系（*Brief Guides to Writing in the Disciplines*）为不同学科领域——从生物学和工程学，再到音乐学和政治学——的学习者提供经过实践检验的课程以及必要的写作资源。

本书系由富有教学经验的各学科专家撰写，向学生们介绍其所在学科的写作规范。这些规范在该专业的内行人看来是显而易见的常识，但对于刚进入这个学科学习或研究的新人来说可能是模糊不清的。故而，每本书都提出了关键的写作策略，配有清晰的说明和示例，预判学生们易犯的常见错误，并且点明老师在批改学生论文作业时的扣分点。

对于更擅长授课而非写作的教师，这些书可以充当便捷的教案，帮助他们讲授什么是好的学术写作，以及如何写出好的论文。大多数老师通过反复试错来锻炼自己的写作能力，经过了多年的积累，但要将自己思考和写作的经验传授给学生还是有点不得其法。“牛津学科论文写作”书系简明扼要地呈现了所有学科的写作共通的核心素养和各个学科的独特方法。

这个综合性的书系不仅对于写作强化课程极有价值，对于进入高级课程的学生、读研的学生和踏上职业道路的学生，也有指津的作用。

前言

xiii

无论你是在学习社会学本科课程还是研究生课程，我们都希望这本小书能帮助你减少社会学写作的神秘感，让你收获更多。

如果你正在选修社会学课程，你会在本书中找到一些通俗易懂的建议和信息，帮助你理解社会学教授对撰写各类学校作业的（常常不曾明言的）期望。如果你决定主修或辅修社会学（我们希望你会这样做），当你完成主修课程时，你将会遇到我们在第二章和第三章中描述的各种类型的写作作业。如果你是一名正在进行毕业设计的社会学大四学生或研究生，第四章、第五章和第六章将帮助你从他人生产的知识的**消费者**转变到知识的自主**生产者**。如果你是一名初入美国教育体系的留学生，本书将帮助你游刃有余地应对作为一门学科的社会学的要求，以及美国教育文化的期望。

现在已经有很多格式手册、方法论书籍、克服写作障碍的建议书籍，以及讨论如何对不同类型的研究进行格式化处理的综合写作书籍。在这本简短的指南中，我们试图将研究过程中的思考与写作贯通起来。我们还试图描述社会学课程中许多篇幅不长的作业是如何训练写作原创研究的完整报告所需的技能的。

xiv 第一章讨论了专业社会学家在学术界内外进行的各种类型的写作。揭示出社会学是一种智力活动，而不仅仅是一种知识体系，本章将帮助你在更大的背景下看待你将要进行的写作。

第二章为你在社会学课堂上可能遇到的几种不同类型的作业提供了写作策略。虽然这些作业可能与社会学写作的标志性体裁——基于原创研究的期刊论文——没有明确的联系，但我们相信，如果你把这些作业与学术研究工作的一部分联系起来思考，你就能更有效地处理这些课堂作业写作。

第三章讨论一种拓展性的研究性论文类型，涉及处理必读的课堂读物之外的图书馆资料。我们将告诉你如何通过使用图书馆资料来思考你试图要回答的研究问题，并以计划书的形式向教授汇报你的想法，从而为成功写作做好准备。

第四章、第五章和第六章讨论了撰写完整的研究报告所需的基本“步骤”，以描述你的原创研究。在第四章中，我们将带你从研究过程的最初起点——如何选择一个富有成效的研究问题——开始，并介绍如何将研究问题与文献联系起来。第五章和第六章将带你了解研究报告的主要组成部分，包括摘要、导言、方法、论据、文献综述和研究发现的讨论。

第七章和第八章帮助你了解，如何在自己的写作中以合乎研究伦理和专业要求的方式使用他人的成果。本章包括评估研究资料的提示，也有使用资料展开自己论点的指导。我们就如何承认他人的学术贡献以及如何避免抄袭给出了具体建议。

第九章的重点是文体，它不是一本详细的语法手册，此类材 xv
料已经相当丰富。相反，你将学习如何用社会学的“风格”写作。我们将讨论哪些内容是不言自明的，哪些内容需要为读者详细说明。我们将解释如何使你的论点更有说服力，并评论一些学生经常滥用的词汇和写作方法。

第十章提供了如何润色论文并以最专业的方式将论文呈现给教授的建议。

给教师的一则提示：学生们常常有一种误解，认为作为专业人士，我们第一次尝试就能把写作做到“完美”，而我们要求他们修改是因为他们还不够优秀。当他们发现我们其实也会反复修改初稿，并且非常重视来自可信赖同事的坦诚反馈时，他们通常会感到非常惊讶。我们鼓励您与学生分享您的写作经历，帮助他们理解建立一个写作过程的重要性，这个过程应留出充足的时间进行写作——并包含大量的修改和编辑。

CONTENTS 目录

中文版总序 1

英文版总序 3

前　言 5

第一章

作为写作者的社会学家 001

不同情境中的社会学 006

学术界的社会学写作 008

学术界之外的社会学写作 013

第二章

成功完成常规社会学写作作业 015

书籍或文章评论 017

案例研究文章 020
经验论文 022
实习报告 027
实习研究项目 029
对文学、电影或其他文化产品的评论 031

第三章

图书馆文献研究论文写作策略 035

聪明地开始：问题和计划书 037
进行图书馆文献研究 040
平庸的食谱 044
拥抱难题 046
另一种方法：从大众媒体报道到研究文献 048
查找文献的最终策略：利用专家 053

第四章

开启你的原创研究项目 055

研究 / 写作过程概述 057
关于研究过程的说明 058
提出研究问题 061
你的问题是社会学问题吗? 062
新颖的问题 064
你的问题与以往的研究有联系吗? 065

从现有研究到新项目 067
你的问题是否足够狭窄？ 071
你能在有限的时间内获得所需的数据吗？ 074
查找文献 078
什么是“文献” 079
什么是合适的资料 081
怀疑论启蒙之路 083
关于过程的建议 085
建立理论框架 085

第五章
原创研究写作：在数据获得“前” 087

什么是研究报告 089
撰写导言 092
文献综述 102
撰写假设 106
撰写方法 109
描述数据库 110
描述你自己收集的数据 111
撰写研究计划书 117
什么是好的研究计划书 118
包含哪些细节 119
获得 IRB 批准 120

第六章

原创研究写作：在数据获得“后” 123

撰写结果 124

结果部分的结构 126

文字即数据：概括、转述和引用 129

制作有效的表格、图表和其他视觉效果 137

撰写讨论 146

如果我的数据无法回答我的问题怎么办 150

撰写摘要 152

创建标题 157

第七章

选择和使用资料 159

使用资料的方法 160

背景资料 161

论据资料 162

理论资料 165

方法资料 166

引用、转述和概述 168

只在确切的词语有重要作用时才直接引用 169

引用时，使用尽可能少的字数 169

把你的声音放在前面：这是你的论文 170

修改引文 172

概述与转述 173
选择资料 175
经同行评审的研究：黄金标准 176
其他类型的资料 178
及时性：它通过嗅觉测试了吗？ 179
权威性：他们是否有“证书”？ 180
偏见：是否存在利益冲突？ 182
关于维基百科的说明 183
查询资料来源：参考文献列表示例 185

第八章
资料引用和避免抄袭 189

为什么要引用 190
何处引用 191
美国社会学协会文内引用建议 194
如何引用 198
ASA 引用样式简要指南 200
ASA 文内引用 200
ASA 参考文献列表 201
一些特殊情况 203
引用网络资料 204
避免抄袭 206
拼贴写作 207
什么情况下剽窃不是真正的剽窃 208

第九章

风　格　213

第一人称：我、我们、我的、我们的　216
学术研究写作中的第一人称　216
不同部分有不同规范　218
主动语态和被动语态　221
描述以往研究　222
描述数据　223
连贯性：做一个值得信赖的向导　224
语篇单元　225
单元引言：连贯的关键　226
简明扼要地写作　231
段落分流　233
修剪句子　234
反驳、让步和局限性　240
反驳和让步　243
局限性　244
棘手的词语和短语　246
应避免的短语和做法　247

第十章

最后几件事　251

校对提示　252

写作问题 253

格式和文件命名 254

致　谢 259

附录 A：介绍你的原创研究 261

附录 B：回应专业同行评审 267

参考文献 273

索　引 279

第一章

作为写作者的社会学家

SOCIOLOGISTS AS WRITERS

1 可以将社会学视为一场关于人类社会生活的大型持续对话。在最初的社会学课程中，你可能会学习一些塑造了这门学科的奠基性学者——如涂尔干（Durkheim）和韦伯（Weber）——的著作。阅读这些原典性著作就像是在研究过去重要对话的记录。

如果你将研究重点放在社会学上，你还将学习阅读“研究文献”。进入社会学研究领域就像参加一场大型社交活动。人们聚集成小群体，进行着不同的对话（这些对话与关于不同社会学问题的文章和引文相对应）。当你阅读文献时，你就成了一个“窃听者”，聆听当前学者讨论和辩论他们的观点和数据——告诉他们的同行他们正在提出的问题、他们已经掌握了什么以及他们还需要了解哪些内容。

由于社会学涵盖了如此之广泛的社会现象，因此同时进行的此类对话数以百计。与一个群体相处一段时间（即阅读一个研究领域的大量文章），你就会开始对这种对话有一些了解。

最终，到了你开口说话的时候，也许你只是重述一些内容，
2 看看自己是否理解对了（即，撰写一篇关于某文本的文章，或许还可以大胆发表一份评价性评论）。当你最终开展你自己的社会学研究项目时，你就开始掌握如何参与对话。如果你发表了自己

的研究成果，你的声音也会成为对话的一部分。

如果社会学领域要发展，就需要有新人不断加入对话，带来他们的新思想和新观点。要加入学术对话，就必须**撰写**社会学文章，而这并非易事。即使是这门学科的一些奠基人也遇到过自己的问题。格奥尔格·西美尔（Georg Simmel，见图 1.1）后来虽然成为早期有影响力的社会学家之一，但他最初尝试撰写的博士论文却被答辩委员会断然拒绝。虽然这篇论文包含了出色的民族志研究，也许还首次使用了调查问卷来收集社会学数据（研究约德尔唱法！），但他的考官们却无法透过“大量的拼写错误和文体错误”看出论文的真正价值。他的考官之一，伟大的科学家赫尔曼·冯·亥姆霍兹（Hermann von Helmholtz）认为西美尔的写作毫 3
无希望，并对他的同事说：“如果我们不鼓励他在这个方向上继续前进，那将是对他的极大帮助。”幸运的是，西美尔并没有气馁。

图 1.1　格奥尔格·西美尔。虽然他是社会学的奠基人之一，但却差点因为博士论文写得马虎而被研究生院开除

美国最早的伟大社会学家之一杜波依斯（W. E. B. DuBois，见图 1.2）遇到了一个相当不同的写作问题——一个关于伦理原则的问题。20 世纪初，“negro”（当时对黑人的正式称呼）一词没有大写。杜波依斯强烈认为应该大写，并与编辑就此争论了一番。尽管他在这场争论中败下阵来，但社会学家们最终还是接受了他的立场，将“黑人（Blacks）”和“非裔美国人（African Americans）”大写作为标准做法。

图 1.2　W. E. B. **杜波依斯。他认为“**negro**”应该大写，但没有成功**

简 · 亚当斯（Jane Addams，见图 1.3）是社会学“芝加哥学派”的早期成员，也是第二位获得诺贝尔和平奖的女性，她的经历显示了写作灵感可以如何多样。她最初是在阅读查尔斯 · 狄更斯（Charles Dickens）的小说时对穷人产生了兴趣。托尔斯泰（Tolstoy）在《我的宗教》（*My Religion*）一书中主张富人应该与穷人合作，她从这本书中获得了她想要创建新社会计划的想法。她自己也成了一名出色的作家。她撰写了颇具影响力的研究报告，记录了伤寒病的地理分布情况，并指出贫困工人首当其冲。她还撰写了关于赫尔之家（Hull House）的回忆录，赫尔之家是她为帮助贫困社区而建立的安置所。与杜波依斯一样，亚当斯也对自己的写作有着强烈的道德感，以至于她拒绝了芝加哥大学的教授职位，因为她不希望任何大学对她充满政治色彩的写作产生影响。

图 1.3　简·亚当斯。受到狄更斯和托尔斯泰小说中人类苦难故事的启发，她在研究论文和回忆录中都写到了穷人的困境

一些著名的社会学家非常关注社会学领域的写作。C. 赖特·米尔斯（C. Wright Mills）写过一篇关于社会学写作的文章，题为“论知识分子的工匠精神”（“On Intellectual Craftsmanship”）。

5 除其他主题外，他还就组织和写作过程提出了建议——敦促社会学家将他们对某个项目的想法写在记事本上，然后将它们重新组织，直到它们言之成理。社会学巨匠之一罗伯特·K. 默顿（Robert K. Merton）甚至写过一篇模仿文章，嘲笑一些社会学家喜欢用很多大词却创意无多。这篇论文的标题很幽默，叫做“关于某个主题的论述的序言的导言之前言的引言”（“Foreword to a Preface for an Introduction to a Prolegomenon to a Discourse on a Certain Subject”）。

不同情境中的社会学

许多社会学家在学院或大学工作，他们主要撰写关于自己研究的文章。他们作品的读者多是其他致力于在其专业领域发展新知识的学者，以及像你们这样的学生。

但大多数获得社会学学位的人都不会成为教授。他们通常会成为律师、社会工作者、政府官员、营销人员、记者、活动家或顾问。他们的写作与学术界的社会学家不同。在企业工作的社会学家主要为雇主撰写文章——也许是那些希望利用社会学研究成果帮助自己做出正确商业决策的经理人。在政府或非营利领域工作的社会学家通常是为了向公众宣传社会模式而写作。或者，他们可能试图通过提供新法律法规可能产生之后果的社会学见解来影响政策制定者。

为了更好地理解这些差异，请想象一下在三种不同环境下，社会学家如何撰写有关美国茶党政治运动的文章。一位社会学教

授可能会进行一项研究，以了解教育水平差异如何影响对茶党的支持。她可能会发现，受教育程度较高的人对茶党的支持率要高 6
于受教育程度较低的人，而且当受教育程度较高的人聚集在一起时，这种相关会更加紧密……或者她可能会发现相当不同的趋势。但不管她得出什么结论，这位教授撰写她的研究并不是为了影响茶党运动。她的写作目的是探究社会学观点——在本案例中，她是为了了解同质性群体聚集是否会限制人们接触不同的观点和信息，从而使他们的观点获得强化。

一位为营销公司工作的社会学家可能会研究人们如何回应公司制作的政治广告。该研究者可能会向两组人员展示对茶党的不同描述——一组展示高兴地挥舞着旗帜和茶包的支持者，另一组则是描述政府的所作所为如何让他们感到愤怒的人群。公司将通过这项研究了解观众对广告的反应，从而达到增加政治捐款的目的。

我们的第三位社会学家为一家无党派的非营利性政治研究机构工作。他受雇研究茶党在不同人口群体（不同年龄、种族和教育水平的人群）中的支持趋势。他的雇主利用这些信息来推测茶党运动可能对下届选举产生的影响。该组织的目标是收集有用的信息向公众传播。他们希望为辩论提供信息，而不是改变特定的结果。

你们已经了解了社会学家在不同情境下写作的原因，现在让我们来看看他们写了些什么。

学术界的社会学写作

社会学教授写作的体裁多种多样。他们会撰写**文献综述**——
总结和归纳他人已发表的研究成果，并为新的研究提供方向。他
7 们可能会以**书评**或**评论**的形式对他人撰写的书籍或文章进行深入
分析。尽管学院派社会学家通常是以其他学者为潜在读者撰写文
章，但他们有时也会面向更广泛的公众读者写作——也许是在博
客或报纸**专栏**中倡导某种政策立场。不过，社会学教授大多以**研
究报告**的形式撰写自己的研究成果。这些报告可以是期刊论文、
书籍章节，甚至是整本书。由于做研究需要经费，教授们也会定
期向资助机构撰写**研究计划书**，以筹集资金开展新的研究。

社会学家研究的现象五花八门，从个人之间的互动（父母与子女、工人与老板等）到整个国家之间的互动。他们的研究方法也多种多样，既有数学建模和统计分析（类似于自然科学家的研究方法），也有对人们自然状态下行为的实地观察（更类似于文化人类学家的研究方法）。正因为这种多样性，社会学研究报告的结构也千差万别。但无论研究现象和方法多么繁杂，社会学家的研究目标却大同小异：为社会生活某一方面的知识积累做出贡献。

无论主题或方法如何，社会学家的研究都是由问题驱动的：为什么会发生这样的事情？是如何发生的？两种情况之间的关键差异是什么？为什么两类人会遭遇不同的后果？这些问题都是社会学大谜题的一部分。

但在作者撰写研究报告之前，这些问题和回答与社会学界并

无相关性。社会学家必须清楚地描述他们的研究，并就他们的工作如何有助于回答自己的研究问题提出令人信服的论据。社会学家回答这些问题的尝试通过我们所说的“文献”——就类似问题 8
撰写的大量研究报告——相互关联。作者通过梳理文献来决定下一步研究哪个问题。他们在已经提出的问题和获得的回答中寻找空白点，然后想办法收集可能有助于回答新问题的证据。

例如，以往研究表明，当男女结成伴侣时，女性会用自己的美貌“交换”男性的地位，伊丽莎白·麦克林托克（Elizabeth McClintock 2014）对已发表的这些研究结果很感兴趣。但麦克林托克认为，这些研究人员忽略了另一个社会学视角——人们倾向于寻找与自己相似的人。她想知道，反过来的情况是否也会发生：男性有时会不会用外表来“交换”女性的地位呢？通过研究，她发现人们确实倾向于选择具有相似外形吸引力和地位的伴侣——一旦她控制了这种倾向，似乎女性和男性同样有可能用外貌来换取地位。

麦克林托克的研究非常重要，因为它纠正了社会学文献中的一个重要误解。但她不能只是说：“嘿，朋友们，事实证明我是对的，你们错了。”她必须撰写文章，认真详尽地解释她如何进行的研究，这样持怀疑态度的读者才能自己评估是否接受她的结论。然后，她的研究就成了这些文献的一部分——重要的一部分。

采集高质量的人类数据比在化学实验室收集数据更加复杂。因此，像许多社会学家一样，麦克林托克并没有自己采集数据，而是使用“数据库”——由他人汇编的大型数据集，以方便社会学研究。在她的研究中，麦克林托克使用了全国青少年健康纵向研究（Add Health）的浪漫伴侣样本，包括约1500对美国约会者、同居者和已婚夫妇。

9 这些公开的大型数据集（甚至对你们来说也是如此！）就像一个公共图书馆——只不过里面是数据而不是书籍。这些数据集包含如此多的变量，使得研究人员几乎可以提出无限多的有趣问题。使用这些高质量的公开数据可以让读者对研究更有信心，从而对基于这些数据的研究结果更易接受。（有关这些公开数据来源的信息将在第四章，尤其是“提出研究问题”一节作更详细介绍。）

研究报告目的在于为某研究领域提供新的学术证据，而**文献综述**则是对该领域现有研究的综合——分析其他研究人员在研究某一共同主题时已经发表的工作。《社会学年度评论》（*Annual Review of Sociology*）是该领域最受推崇的出版物之一，其中不乏文献综述的优秀范例。

在该期刊有史以来引用率最高的一篇评论中，亚历杭德罗·波特斯（Alejandro Portes）考察了关于“社会资本”的研究——社会资本是指与他人的联系，这种联系可以用来取得好的结果。尽管波特斯并没有报告自己的新研究，但这篇文章还是做出了重要的思想贡献：一些研究人员一直试图将社会资本的概念应用于组织、社区甚至整个社会的研究，而波特斯认为这是不正确的。虽然也有一些学者持不同意见，但几乎所有将社会资本定义为**个体**（而不是某个更大的社会单位）特征的学者都引用波特斯的评论来支持他们的定义。即使是将社会资本概念应用于社区层面的研究人员，仍可能会引用波特斯的评论来明确区分个人和社区的社会资本。

评论可以是一篇文章，也可以是一本完整的书籍。它们可以关注特定概念（如波特斯聚焦于社会资本）、某个理论、某种社会过程、某些特殊群体等。评论的关键在于，它能建立一个框架，方便查找某个主题的知识积累。我们在第三章中讨论的图书 10
馆文献研究论文就是这项任务的学生版本。

研究报告和书籍必须经过“同行评审”，才能作为学术文献的一部分受到重视。在同行评审过程中，编辑会将提交的稿件发送给一组该研究领域的专家。这些审稿人评判稿件的质量与对该领域知识的贡献，然后向编辑提出是否发表的建议。然后由编辑做出决定：发表、要求修改或拒稿。本书不涉及撰写评议的内容，但大家应该明白，同行评审过程是一个重要的质量控制机制。当你阅读学术期刊文章或学术出版社出版的书籍时，你要知道已经有几位专业的社会科学家阅读了这些文本，并认为它们值得出版。

与介绍新研究的研究报告和总结已有研究的文献综述相比，**研究计划书**涉及的是尚需完成的工作。这些计划书的受众是提供研究基金的组织。研究计划书与研究报告类似，但没有分析或结论。它们提出有关社会生活的问题，从社会学文献的角度论证问题的重要性，并介绍收集学术证据的方法。资助通常是竞争性的，由相关学者组成的小组根据研究计划的科学价值进行评判，以决定哪些项目能获得资助。研究计划书往往比研究报告提供更多数据收集方法的细节，因为它试图说服评审人，该项目收集证据的方式可以确保令人信服地回答所提出的问题。

除了我们刚才介绍的与研究相关的社会学写作体裁外，学院派社会学家有时也会根据他们的社会学研究成果，通过社评或其他观点文章来传达他们的想法，向公众介绍社会学证据如何看待
11 当前某个社会议题。我们的同事安杰尔·哈里斯（Angel Harris）与其合作者基思·鲁宾逊（Keith Robinson）出版了《破碎的指南针：父母参与子女教育》（*Broken Compass: Parental Involvement in Children's Education*）一书后，为《纽约时报》（*New York Times*）和其他媒体撰写了多篇此类专栏文章。在这本书中，通过对调查数据进行高水平的多变量分析，哈里斯和鲁宾逊认为，帮助做家庭作业和参加学校活动等家长行为对孩子的教育成功影响甚微。因此，他们得出结论，旨在让家长参与学校教育的政府项目不可能产生多大效果。哈里斯教授知道，他的研究成果会引起很多人的兴趣，但他们不会去读这样一本专业书籍。撰写专栏文章为他提供了一种让公众了解其研究成果的途径。

越来越多的学院派社会学家通过博客向更广泛的公众传播他们的观点。我们的同事基兰·希利（Kieran Healy）利用他的博客来探讨与收入不平等相关的社会问题。他撰写了一家虚构的基尼航空公司，这家公司根据乘客收入分配飞机座位空间，其分配比例与基尼系数相同——基尼系数是衡量美国人口收入不平等程度的指标。在“基尼”号上，经济舱乘客挤在一起的程度甚至比现实的航空公司还要严重，而最富有的四位乘客几乎占用了整个机舱一半的空间。

学术界之外的社会学写作

在学术界以外工作的社会学家经常需要为非专业人士——无论是普通公众、雇主还是客户——解读社会学研究成果。撰写此类文章的动机多种多样。政府机构、智库机构和其他实体经常委托社会学家为公共问题寻找合理、科学的解决方案。这些社会学家可能需要撰写**立场文件**，总结当前关于某一主题的知识，并提出基 12
于社会学研究的政策建议。如果找到解决方案所需的研究尚未进行，社会学家可能会建议该组织（或其他组织）赞助新的研究。

还有一些组织对社会学作为了解社会行为的一种方式不感兴趣。相反，他们会聘请社会学家为他们已经持有的立场构建论据，或反驳他们认为不可取的政策建议。以这种方式使用社会学研究并不是真正的科学研究，因为这些研究都是为了支持已经确定的立场而“精挑细选”出来的。但这确实需要社会学技能：查找和解释相关研究报告，以令人信服的方式传达那些研究发现。

一些非学术性的社会学写作面向广泛受众，如公众或政策制定者，而另一些社会学家的写作则只针对刻意限制的读者——商业或营销公司的决策者。这些社会学家可能会做实验或进行焦点小组访谈，以了解人们对广告的反应。虽然他们的研究方法可能与学术研究类似，比如在实验中随机分配不同的条件，但他们的研究和写作目的却与后者截然不同：致力于提高销售额。

例如，英特尔雇用了 100 多名社会科学家来研究人们如何看 13
待和使用计算机技术。他们开展焦点小组活动，采访消费者，有 14
时还发明创新方法来了解人们如何使用产品。英特尔的一组研究人员要求人们清空自己的汽车，并拍摄下所有取出的物品。然后，他们询问车主如何以及何时使用这些物品（其中大部分都含有英特尔芯片）。此类研究的备忘录具有类似于立场文件的功能，但其目的是帮助公司经理做出决策。

第二章

成功完成常规社会学写作作业

SUCCEEDING AT COMMON SOCIOLOGY WRITING ASSIGNMENTS

15 在高级社会学课程中，作业通常旨在向学生介绍社会学研究实践。在其他课程中，作业的目的是帮助学生**学习**社会学概念，或用社会学观点**分析**他们的经历。如果你在本科阶段选修社会学课程，你很可能会被布置一些第二种类型的作业，本章将为你提供处理这些作业的策略。虽然我们无法涵盖所有的可能性，但我们挑选了一些常见的写作任务。

即使你的作业与我们所选的任务不太一样，你也会发现本章所讨论的许多原则都同样适用。本书后续章节中涉及的社会学研究原则也同样适用。虽然我们在本章讨论的作业并不涉及实际的社会学研究，但它们的许多基本目标和特点与研究型写作任务中的**部分**内容是一致的。因此，当其他章节中的观点同样适用于此处时，我们会指出来。

尽管本章讨论的作业彼此差异很大，但它们的目标相似：帮助你理解所学的社会学概念和研究程序，并在新的语境中加以应
16 用。即使那些要求你描写自己经历的作业也是如此。比方说，老师要求你写一篇日记，记录你在课堂上阐述社会学观点的经历。你可能会认为老师希望你写一些类似常规日记的活动记录，但他实际上可能希望你写一些更具分析性的东西。你需要利用你的个

人经历来学习社会学概念，就像学院派社会学家运用民族志观察来揭示社会过程或概念一样。作业以你的经历为基础，但并不是真的**以**你自己**为中心**。

除了达到预期目标，还想做得更多？

教授们喜欢学生运用他们所学过的其他课程中的观点。如果你想起在其他社会学课程（甚至是其他社会科学课程）中学到的概念或过程，适用于自己的案例，也可以进行讨论！只要确保相关即可。

书籍或文章评论

如果你被要求评论一篇文章或一本书，你的指导老师很可能会限制你的阅读选择范围——也许会提供一个文本列表，让你从中挑选。作业可能会要求你“评价”或“分析”文本，但这并不一定意味着教授希望你能找出这篇已发表的学术著作中的重要缺陷（尽管有时**是**有可能的）。

显然，第一步是阅读文本（你可能需要多读几遍）。请记住，你的评论既要总结文章的主要观点，又要对文章提出自己的见解。因此，在阅读时请做笔记。（如果你要评论的文本足够短，可以考虑复印一份，然后在纸页上做笔记；但即使使用 PDF 或 Word 文档，你也可以在阅读过程中插入注释）。要记下对文本主题至关重要的内容——中心问题或论点、关键定义和结论等。

从文本开篇寻找作者写作意图的标志——也许是在导言或前言中。作者要解决的主要问题是什么？作者认为自己的研究有什么新意？他们是否在挑战既有观点？这篇文章对科学文献有何贡献？如果你正在评论的是一篇研究报告，请参考我们第五章关于研究导言中典型“步骤”的讨论。识别指定文本中的这些“步骤”，将有助于你找到作者使用这些术语解释其工作的地方。

最可能的是，你的评论作业的目的在于帮助你学习社会学思想，而不是撰写一篇专业风格的评论。如果是这样的话，把评论重点放在**你**从文本中读到的东西上就可以了。因此，请记下你感兴趣的内容：你正在学习哪些新观点？你觉得哪些内容令人印象深刻？你正在读的内容与你在课堂上已经学习的社会学概念有什么联系？文本提供了类似的观点还是相反的观点？等等。这些笔记就是你与文本的对话。

请务必通读全文，密切关注图表。到了开始撰写初稿的时候，首先要介绍作品：

- 文本要解决的主要问题是什么？
- 作者是如何试图回答这个问题的（例如，使用了哪类证据）？
- 他们使用了哪些社会学概念来建构作品？

接下来，详细总结文本的论点、证据和结论。想象一下，你
18 正在和教授喝咖啡，而她没有读过这本书或文章。你将如何解释作者的目的、使用的方法和得出的结论？

请记住，你的教授希望你将这篇课文的具体内容与课堂上更广泛的社会学概念联系起来。你可以解释这本书或文章怎样有助于填补既有研究文献中的知识空白。你可以描述这篇文章如何帮助你加深对某些课程主题的了解，或者为你在课堂上讨论过的某个社会过程提供了一个很好的例子。例如，如果你一直在学习情感社会学，而课堂上几乎所有的阅读材料都是关于性别差异的，那么你可以指出，阿迪亚·温菲尔德（Adia Wingfield 2010）关于黑人职业男性情感工作的论文有助于将种族问题引入该领域。**这**正是教授想要的评估和分析类型。

你的“批评者”角色

你的教授并不真正关心你是否喜欢这篇文章或这本书，或者你是否觉得它有趣。她肯定也不想知道你是否认为这篇文章应该写一些其他更有趣（对你来说）的话题。作业的目的在于表明你是一个合格的社会学文献读者，而且你能将这一新知识与教授通过课堂阅读传授的社会学概念联系起来。完成这项任务的最佳方式是，你能够在描述阅读到的具体内容和讨论课堂上学来的抽象概念之间来回切换。

如果你要评论的是一本书而不是一篇文章，你可以看看其他人是否评论过这本书。一些重要的书可能会有三四篇评论；这些评论通常是在出版之后的几年内写就的。在书评中引用他人的观点并不是作弊，只要你谨慎行事。不要用他人的观点来代替自己 19

的评论，并且一定要大大方方地表明引用。尤其要注意不要用其他评论来拼凑自己的文章。如果你发现已有评论中的某个短语或句子特别有趣或精辟，你可以引用它。但是请记住，无论你是引用、转述还是概括：如果你使用了其他评论中的观点，你就需要标明引用。这就意味着，即使这是篇短文，你也需要列出参考文献，完整地标注出引用的这篇文章和你使用的任何其他资料的来源。

在上交评论之前，不要忘记拟定标题。标题可以以“对 [你所评论的书籍或文章的名称] 的评论”开头，后面加上一个副标题，指出在你的分析中要突出强调的一些主要概念或理论观点。

书评模式

《当代社会学》(*Contemporary Sociology*) 是美国社会学协会的书评期刊，每年发表数百篇书评。请浏览一些范例，了解如何开头和结尾、写作语气以及整体结构。《美国社会学杂志》(*American Journal of Sociology*) 和《社会力量》(*Social Forces*) 每期也会有书评栏目。大多数重要的社会学书籍都在这三个刊物上被评论过。

案例研究文章

案例研究文章是一种广泛使用的教育写作类型，因此你也可以在这里找到优秀的专业范例。哈佛商学院以使用案例而闻名。

与书评作业一样，案例研究文章的主要目的是利用某个组织或其 20
他实体的具体情境来说明或考察社会学概念。书评的重点是一个文本，而案例研究文章的重点则是一个组织或团体（甚至是历史上某个时期的一个国家），它们都要求你将一般的社会学原理运用于其中。

描述案例

提问可以帮助你讲述故事。

谁？行动者是谁？他们之间有什么联系？

在哪里？他们在哪里互动，这些环境的相关特征是什么？他们是某个更大组织或机构的一部分吗？其结构和目的是什么？

是什么，为什么？行动者想要做什么？行动者如何看待他们所处的环境？为了实现目标，他们做了什么？他们拥有和使用了哪些资源？

发生了什么？遇到了哪些问题或挑战？所采取行动的预期和意外后果是什么？其他人如何看待这些结果，他们有什么反应？

这些事件如何说明社会学过程和概念？

案例研究文章的一个重要组成部分是描述组织及其处境。由于案例研究文章涉及多个参与者的复杂环境，因此在描述时需要
深思熟虑。你需要让读者清楚地了解谁做了什么以及为什么。你 21
对案例的描述应确定背景环境，介绍人物及其动机和关注点，然后铺陈叙事。将这一部分视为讲述案例的故事。

彻底描述案例后，解释案例如何说明重要的社会进程，尤其是课堂上曾被重点强调的进程。请记住，案例的目的是说明概念。通过将案例中的具体细节与特定社会学概念联系起来，明确社会学概念与这个故事之间的联系，反之亦然。尽量在描写事件和事件所要说明的概念之间来回切换。如果在作业初稿中出现了描述性部分和独立的社会学分析部分，那就有问题了；需要不断修改论文，将案例描述与社会学分析交织在一起，使讨论更加完美。

你心里可能会觉得向教授讲解你发现的这些联系非常困难，因为你会认为这些联系对她来说是显而易见的。如果是这样，写作时请尝试想象不同的读者——一个了解社会学基础知识，但并不知道你在这门课上学习到的具体概念的人。

案例研究文章的模式

许多案例研究文章都已出版，这意味着你可以找到优良范例。虽然与你的作业相比，公开发表的典型范例篇幅可能较长，但它们仍然可以帮助你了解这种写作类型。《哈佛案例研究文章》（*The Harvard Case Studies*）非常出色，但还有很多其他案例可供参考。学校的图书馆员可以帮你找到一些。

22

经验论文

社会学教师经常要求学生通过描述个人经历来说明课堂上讨论

的概念。教授可能会让你写一篇文章或回忆录，反思你个人的生活经历是如何说明社会学过程的。或者，也可能会要求你写日记、写博客文章，或使用其他形式的社交媒体来分享你的经历和分析。

对于任何一种这些类型的作业，关键在于要将你的经历作为说明抽象概念的**例子**，而不仅仅是对发生在你身上事情的生动描述。换句话说，把你的社会经历或观察写成与课程相关的社会学原理的证明。尽管教授非常关心他的学生，但他布置这项作业的目的并不是为了更好地了解你这个人。他感兴趣的是，你能否很好地应用社会学概念与研究方法并传达自己对社会学的理解。

你的生活充满了有趣的社会学经验，因此你有很多例子可以从中选择。如果一开始就有意识地留意能反映课程主题的经历，这类作业会更容易完成。在关于性别的课程上，你可能会想到男女之间的具体互动。在一门更常规的社会学课上，你可以写涉及不同群体成员的经历，或校园内不同场所（教室、餐厅、体育馆）的经历，或不同职业道路取向与专业定位的学生群体经历。

可以使用“我”！

我们将在第九章“文体”中进一步讨论这个问题，但“经验论文”就是一个明显的例子。你写的是自己的经历，所以可以随意使用“我”。

为你的文章、日记或博客拟定一个标题，是开始写作的一个 23
简单而有效的方法。标题可以让你的注意力集中在最重要的事情上——经历和概念之间的联系。尝试一个由两部分组成的标题：对具体事件的一个非常简短的描述，然后是你要说明的概念或过程的名称。如果你想以你和朋友之间的谈话模式为例，讨论这种模式如何说明男性和女性在闲聊中获得不同程度的“发言时间”，以及怎样反映了男女之间典型的地位差异，那么“午餐交谈中的插话：性别和地位作为话题的控制机制”将是合适的。

有了标题之后，可以选择使用以下结构之一，在经验和概念之间建立必要联系。一种是从经验开始，另一种是从概念开始。

> 方案 1：首先生动地描述你的经历，重点关注能说明社会学观点或对其提出疑问的若干细节。然后逐一回溯这些细节，解释它们与社会学特定概念的关系。

> 方案 2：以类似于研究报告导言的方式开始。（见“导言”第一步和第二步。）首先点明和概括社会学主题，然后简要概述一些相关的社会学文献，介绍相关理论。（如果是小作业，可以从课堂读物中选取相关文献。）在简短介绍理论之后，描述你的经历作为证据、说明或例子——从描述具体场景或情境开始，到详细叙述经历过程——记住：同方案 1 的做法一样，要将关键细节与理论或概念联系起来。

24 在讨论理论时，引文可能很有用，但要简短——尤其是如果引文来自课堂读物（因为你知道老师对这些材料很熟悉）。如果资料中的某个短语抓住了概念的核心，可以将其纳入自己的句子中。即使使用了引文，概念或过程也一定要用自己的话加以描述。

撰写经验论文

将你的经历作为解释课堂上的社会学概念的例子，而不仅仅是生动地描述发生在你身上的事情。

结构上有两个不错的选择：

- 首先描述经历，强调与社会学概念相关的细节。然后，解释这些细节与概念的关系。
- 从描述理论或概念开始。然后，去描述经历——在过程中将细节与社会学理论联系起来。

想要做得更多，而不仅仅是满足期望？

- 加入**对比**经历——甚至可以是假设经历，只要有足够的现实基础。
- 避免简单的比较。不要假装你的经历与理论完全吻合，而要承认并讨论你的经历中似乎与理论**不**融洽的方面。更好的做法是，将这些细节与对立的理论或不同的概念（如果你知道的话）联系起来。

学生的经验论文往往存在框架不足或重点不突出的问题。虽然大多数学生能做到既写出自己的经历，也写到社会学理论，但 25

很多学生未能做到围绕两者之间的**联系**来撰写论文。草稿完成后，需要仔细阅读。你是否发现两个截然不同的部分——一个只讨论社会学，另一个只描述你的经历？如果是这样，那么说明你将两者联系起来的工作完成得不够好。要找到足够多的连接材料（如解释和分析的内容），这些材料并不纯粹属于这两个类别中的某一个，它们应该贯穿于社会学原理和你自己的观察之间，经常是在同一句话中既要描述，也要分析。

为了帮助你明确这些联系，可以把读者想象成希望你教他们社会学概念的人，而不是你的教授或研究生助教。作为一名学生写作者，向你的老师解释一些东西会让人感觉很奇怪，因为是老师先向你传授这些内容的！然而，这可能正是你的教授希望你做的。再设想一下，你的主题是与谈话有关的性别和地位。你需要解释为什么打断别人的谈话可能会被理解为控制谈话的主题。然后，你可以描述性别如何被视为一种地位特征，男性如何在一般情况下比女性更受尊重，在谈话中也是如此。只有这样，男性通过打断女性谈话并改变话题来主导午餐谈话的经历才会**成为**地位和性别关系的例证。

如果你想写出一篇出色的经验论文，就不能仅仅讨论一个能证明某个概念的经历，还应该加入一个**对比**经历。如果将我们的性别 / 谈话例子，与时尚、肤色或育儿等女性通常被认为更具有优势的话题领域进行对比，就会更有说服力。如果在这种情况下，女性比男性更容易打断和主导谈话，那么这个例子的意义就会更加清晰，因为这两个领域之间存在着对比。

26

你的生活充满了“数据”

你可以把对自己经历或观察的描述看作是非正式研究报告中的定性数据。在第六章中，我们讨论了如何撰写原创定性研究的结果部分。这可以作为描述你经历的指南。

实习报告

高校越来越希望帮助学生实现实习经历教育价值的最大化。社会学专业可能会要求学生通过社会学理论的视角，撰写正式的实习心得来做到这一点。这种“实习报告”本质上是案例研究文章和经验论文的混合体——它是一种案例研究文章，你作为参与者和观察者置身案例之中。

一个好的起点是描述你实习的组织，如“描述案例”所列举的那样。组织目标几乎总是描述的重点。还要描述你在实习期间承担的角色。注意不要在介绍中随意填写细节。确定组织环境中哪部分内容在你实习期间具有重要意义。重点描述与你所学的社会学理论和关键概念相关的要素。例如，如果你了解到组织的规模、人口构成和地位结构对组织很重要，那么请详细介绍这些内容。你置身其中的哪些社会进程对你完成组织角色有重要影响？或者同样重要但或许更有趣的是，什么让你难以完成实习任务？

27 **撰写实习报告：随时记录**

虽然在实习期间，你可能觉得自己的经历难以忘怀，但实习结束后，你就很难回忆起细节了。而细节对撰写实习报告非常重要。在开始实习之前，先列出一份清单，列出写一份好的组织案例研究文章报告所需了解的知识。在实习期间，你可以不断补充细节。每天只需做几分钟笔记，就能为你提供大量素材。随时做笔记还能让你在适当的时候提出问题。（聪明地提问也是给人留下好印象的有效方法。）当人们说到某件值得记住的事情时，尽量记录下她（他）的原话。简短的原话引用会让你的报告更加生动，否则就会显得缺乏生气。因为报告的目的是提高你对社会学概念的理解，所以你最好在实习期间阅读一些社会学理论——在阅读过程中思考你所实习的组织的情况。

实习报告的核心内容，关键在于从你的特定经历中做归纳总结。与案例研究文章一样，要避免先讲述你整个暑假或学期的故事，然后再写社会学理论。一旦确定了你的写作情境，就要经常在发生的事情和相关概念之间来回切换。

撰写实习报告的主体部分，与在原创研究论文中使用民族志或深度访谈数据有很多共同之处。请翻到第六章，阅读关于如何
28 在“结果”部分使用定性观察的说明。许多原则也同样适用于此。你可能会发现电子邮件交流是获得定性数据的好渠道；但如果你选择在报告中引用这些内容，请务必获得邮件撰写人的书面许可。

在实习报告的最后，你可以总结“案例”中得到说明的主要概念，并提出你的经历所引发的社会学问题。鉴于你的经历，你想进一步了解什么？你的经历中是否有任何方面挑战了某些标准的社会学概念？

实习研究项目

实习组织有时会要求实习生做一个研究项目，作为其实习工作的一部分。在大学文体部工作的实习生可能会为学校的校内项目设计一份满意度调查。在地方艺术委员会，实习生可能会采访艺术项目的参与者，考察他们是如何了解到这些项目的，从而帮助委员会改进他们的营销策略。

汇报这种研究经历的实习报告可以用前面描述的案例研究文章模式开始。你要描述该组织、它的目标以及你在其中的位置。但随后，你的报告撰写应该采取更像研究报告的形式（参见第五章和第六章，“方法”和“结果”相关内容）。你要提出一个研究问题，清晰明确地阐述它。例如，大学体育教育实习生可能会研究这样一个问题：“哪些因素会影响参加大学体育俱乐部的体验，现有俱乐部会员的满意度如何？”这是个好问题。请注意，与第四章所述的研究问题不同，你的实习研究问题将由你实习的组织决定。而且，由于这是一项应用研究而非学术研究，因此不会被视为对科学文献做出的贡献。

虽然你的项目很可能是为了帮助推进组织的某个目标，但不 29
要夸大你对组织的贡献。在解释你的项目目标时，要清楚地说明，在时间和资源允许的情况下，你在研究中究竟要**做**什么。例如，艺术委员会的实习生可能会说她的项目是“评估组织营销策略的有效性”。然而，由于她只对项目参与者进行了调查，因此她真正要解决的问题其实很有限：“我们的参与者是如何了解到他们参加的活动的？他们是否使用社交媒体？他们是否愿意通过这些渠道听到更多关于我们活动的信息？”你承认这些局限性不会令教授们感到失望；相反，他们会欢迎你很好地了解自己做到了什么（和没做到什么）。另一方面，也不要羞于强调你真正**做出**的贡献。请记住，这项作业是为你展示自己的工作而设计的——在这里稍微“炫耀”一下工作成绩是完全合适的。

在解释完研究任务后，你需要描述自己的研究方法。描述时要注意细节，以保持读者的兴趣和关注点——涵盖他们需要知道的内容，但不要描述无关紧要的细节。实际调查问卷和变量描述等冗长的材料可以放在附录中。这样可以提高文章的流畅性。最后，汇报你的研究结果，以及你从这些结果中得出的、与你实习的组织相关的结论。在你结束实习之前，或者返校之后不久，尽量从实习组织的相关人员那里获得对你实习报告的反馈。

虽然实习报告是一种研究报告，但它更像是工作报告，而不是学术报告。我们为撰写学术研究报告提供的一些指导在此适用，但有些并不适用。我们关于撰写“方法”和“结果”的一般
30 指导也适用于此：逐步引导读者了解你的研究结果；清楚地指出你希望读者注意的表格和数字的特征；在提及变量或概念时，用语要前后一致。另一方面，你的导言、背景和结论部分会有很大不同，你要结合组织及其目标来讨论这些部分，而不是将其与学

术文献联系起来。

无论你做哪种类型的实习，都要让实习报告与社会学理论保持清晰的联系。想象一下，你最喜欢的社会学教授正在阅读你的报告。你一定想让她（他）觉得："哇——这个学生真有本事，能把我们在课堂上学习的观点运用到实际中去。"实习的全部意义就在于将你的社会学学习所得与工作环境联系起来。

对文学、电影或其他文化产品的评论

前面讨论过的经验论文要求你用社会学的视角来审视自己生活中的某个事件。你的教授可能会布置类似的作业写作——不过此处要审视的是来自小说、电影、视觉艺术、产品展示或其他人工制品的现象或故事。由于这些作业的目标相似，我们对经验论文写作的大部分建议也适用于此。

这里的诀窍是要弄清楚你应该在论文中关注研究对象的哪些具体特征。想想你的课程：你在课堂上讨论了哪些概念和过程？这些就是你要在评论文章中讨论的内容。你可以先介绍一下你要讨论的社会学现象的背景。如果你要评论的是一个美国家庭因急诊而陷入经济困境的故事，你可以先解释一下，美国人口只占世界人口的 5%，但它的医疗支出占世界医疗支出总额的一半。然 31
后，你可以继续解释不平等是如何影响美国人医疗服务获取的，并继续介绍故事中的具体不平等类型。正如我们在经验论文中所解释的那样，通过寻找对比性的例子，尝试超越单一观点 / 单一案例的形式。你可以将前面描述的家庭与故事中另一个（或其他故事中的一个）具有不同特征的家庭（例如，不同的教育水平、就业特征的家庭或其他国家不同的家庭结构的家庭）进行对比。不要害怕引入其他作品中的观点或例子——只要它们能丰富你对指定研究对象的分析，而不是转移你的注意力。

我们再来看一个例子。如果你要分析一则女性美容产品广告，你可能会首先参考有关性别诉求的学术资料 [也许是戈夫曼（Goffman）的《性别广告》（*Gender Advertisements*）]，总结其主要观点，然后再描述广告中能说明这些观点的具体特征。同样，对比往往也很有效：你可以看一些男性产品的广告，看看它们有哪些相似之处（如：年轻、性感、衣着暴露），又有哪些不同之处（如：直视而非回避眼神交流、支配而非顺从的姿势）。

重要的是，要把这些作业当作严肃的学术工作来对待，需要花时间进行反思和修改。你可能会认为，既然要求你对小说、艺术或流行文化作品而不是学术文章做出评论，你的第一反应就足以应付了事。这种即兴的反应对于 Yelp 网站的点评来说可能还不错，但不会给教授留下深刻印象。花时间精心撰写论文。确保每一个段落都论述了与你正在阐述的观点相关的一些要点，并为文章设计出一个有意义的结构。

32 **评论小说或艺术时应注意的事项**

- 这与你自己无关：你的教授并不想知道你是否喜欢这部电影，或者你对故事的主人公有什么感觉。艺术作品只是讨论社会学的载体。

- 请谨慎选择你想包含的描述性细节。不要为教授重复整个故事或叙述。只提及你要与课程材料联系起来的特点。如果是教授**给了**你要分析的故事，这一点尤其重要；如果是你自己选择的故事、电影或广告，你可能需要提供更多描述，以便教授能够了解其内容。
- 使用专业语言陈述研究结果，并标注所有资料来源，而不是仅仅提出你毫无根据的观点。你不是在向哥们儿讲述这部电影，而是在向教授阐述自己的观点。
- 从叙述的具体内容转向抽象概念、过程和模式，但要避免无意义的泛泛而谈，如“人人都知道”“不可能不知道”或“总是……”
- 如果你是一名国际学生，你可以指出小说或艺术作品中包括内隐文化内容的部分，这些内容对于来自其他文化背景的你来说，意味着不同的东西。

第三章

图书馆文献研究论文写作策略

STRATEGIES FOR WRITING THE LIBRARY RESEARCH PAPER

33 社会学教授经常会布置一些他们称之为“研究论文”的作业，但不幸的是，他们可能会用这个词来指代两种截然不同的项目。他们可能把这个词当作我们所说的**研究报告**的同义词即发表在**期刊文章**中的原创性研究报告。这也是大多数教授在自己的工作中所从事的主要写作类型。如果你是社会学专业的本科生，你可能会被要求写一篇类似的学位论文，作为学业结束的终极检验。如果你是研究生，这类写作将是你学术训练的重点。另一种含义就是我们所说的**图书馆文献研究论文**。说它是**研究**，是因为除了课堂指定的文本之外，你还需要使用其他资料来源；你需要**研究**一个主题或问题。

因为这是一个常见的混淆点，所以我们想明确一下：对于**图书馆文献研究**论文（我们将在本章讨论），你需要查找、总结、归纳和分析**他人**就某一主题所写的内容。而对于我们在第四章、第五章和第六章中要讨论的**研究报告**，你需要收集和分析自己的原始数据。尽管图书馆文献研究论文和研究报告是不同类型的写作，但它们有一些共同之处。特别是，图书馆文献研究论文与研究报告的重要组成部分——文献综述相似。

34 还要记住一个重要的区别：虽然教授们对研究报告的要求主

要基于专业惯例，但教授们往往对图书馆文献研究论文有个性化的要求。如果这些个性化要求还不足以造成潜在的认识困扰，那么再增加一点：社会学系教授们分配给你要完成的研究论文，很可能不同于**其他**系的教授所说的“研究论文”。

因此，请密切关注每项作业的具体要求。有些教授可能会鼓励你混合使用不同类型的资料；有些教授则可能要求只使用同行评审过的资料。在一门课上，论文可能只是一个相对较小的作业。而在另一门课上，它可能是决定你成绩的主要因素。尽管存在差异，但大多数作业的基本任务是相似的：找到相关资料来源，对其进行综合（比较和对比其观点或发现），进行批判性的社会学思考，并根据你的发现得出合理的结论。

聪明地开始：问题和计划书

许多学生都把撰写图书馆文献研究论文当作是对某个主题的调查。但是，**主题**并不能为研究提供足够的焦点。我们建议，在开始研究之前，你要先从主题转向具体**问题**。问题会让你的研究议程更紧凑、更有趣。

作业提示可能会要求你“撰写论文”“提出论点”或“展示你的社会学想象力”。这些短语意味着指导老师希望你的论文不仅仅是对资料的一连串概述。从一个有趣的问题入手，将有助于你在所选资料之间建立起有意义的联系。

由于指导老师对图书馆文献研究论文的要求千差万别，因此，在驶离出发点太远之前，请确保自己走在正确的轨道上，这

35 将对你完成作业大有裨益。要做到这一点，一个相当不错的方法就是先起草一份“计划书”——一份简短的说明，介绍你打算做什么以及如何去做。

提出研究问题的相关建议

有关选择好的研究问题的详细建议，请参阅第四章中的“提出研究问题”一节。虽然你不需要为图书馆文献研究论文收集新证据，但你可以使用该章节中的具体策略和示例，确保你的问题具有社会学重点。以下是一些要点。

1. **让你的问题具有社会学意义**。确保问题与某些现有的社会学研究相关联，并且足够抽象，能够适用于各种社会情况。

2. **使你的问题足够狭窄**。学生们几乎总是从过于宽泛的问题开始——这些问题有时需要一整本书，甚至是整个职业生涯的研究才能有意义地回答。一旦你有了某个问题的想法，你要不断地浓缩它，直到在不违反第 1 条建议的情况下让问题尽可能聚焦为止。

3. **找到一篇你感兴趣的核心研究文章**。以这篇文章为跳板，提出相关问题：该作者研究了 X；但 Y 又是怎么回事？该作者提出了 Z 问题，但其他研究该问题的人是否也发现了相同的结果？如果该作者建议今后对该主题进行研究，其他人是否跟进了？他们有哪些发现？

36 作业布置下来后，请尽快撰写这种计划书，并在着手研究之前与教授会面讨论。这可能是撰写优秀论文最有用的一个步骤。

原因在于：

- 学生误解图书馆文献研究作业的情况并不少见。例如，他们可能会选择不恰当的问题或使用错误的资料来源。从指导老师那里获得对计划书的反馈意见，可以让你在错误的道路上投入过多时间之前，朝着有希望的方向前进。
- 它可以帮助你克服写作障碍和拖延症。
- 它为你的图书馆文献研究和阅读划定重点。
- 这是一份有用的清单，图书馆员可以借此帮助你找到合适的资料来源。（也要带上作业细节！）

如果教授建议你做一些与你制定的计划不同的事情，请将其视为重大成功。这意味着你节省了方向错误所可能消耗的时间和精力，或者避免了令人失望的作业成绩——如果你没能及时修正研究程序的话。

如果你不确定研究计划书应包括哪些内容，参考提纲如下。从标题开始，将你的想法和找到的材料添加到每个部分（见文中加粗文字）。

- **以问题为形式的工作标题**——你所关注的问题。
- 用一段话**解释为什么这个问题从社会学角度很有趣**。你的问题是否与现有或正在发生的社会问题或政策问题有关？你感兴趣的具体案例或情况是否对公认的理论提出了挑战？

37 • 用一段文字说明你的初步假设，即你期望问题的答案是什么，以及为什么。我们知道，在你进行任何研究之前就提出假设似乎有点奇怪。但只要你认识到这个假设是暂时的，它就能为你的研究提供重点。你可以寻找支持或质疑你的假设的材料，而不是仅仅寻找某个主题的资料来源。鉴于你做出假设之际对问题了解并不多，你既可以改变自己的立场，也可以坚持自己的立场！

• 可能的参考资料清单。最好列出两份清单：“背景参考资料”，提供理解你的研究问题所需的理论和信息；“证据参考资料”，帮助你回答问题。在与指导老师讨论之前，每类清单至少要有两三条资料，然后才能确认这些是正确的资料类型。

进行图书馆文献研究

一旦你有了一个合理聚焦的问题，你就可以开始真正的图书馆文献研究了。要想写出一篇好论文，你需要投入时间和思考，把选择资料当作一项严肃活动来对待，而不是把它当作在开始真正的工作之前所做的准备。

你的图书馆文献研究作业可能会规定使用参考文献的目标或最低数量。（如果没有这方面规定，可以请你的指导教师给个可行的建议。）比方说，作业要求你为论文找到10—15篇参考文献。你**可以**只使用你找到的、与你的项目相关的前10篇左右的参考文献，但是如果你想写出一篇好论文，你这样做就是在给自己挖坑。要写出一篇成功的研究论文，就必须在资料来源之间建立**有意义**的联系，并得出有趣的结论。如果你没有策略性地选择文章 38
和书籍，就很难将它们有条理地贯穿起来。

谷歌学术或其他搜索引擎是一个合理的起点。这些搜索工具可以让你了解与你的问题相关的已发表研究的数量——这可以帮助你决定是否需要缩小或扩大研究范围。查看有用的搜索结果可以帮助你确定继续搜索时要使用的某些关键术语。但是，这些开放获取的搜索工具并不能让你找到所有已发表的研究成果。出版商要求付费以获得他们的大部分资料，而这正是学校图书馆预算的主要用途。要获得所有可能的资料来源，你需要通过学校图书馆的网站，从他们的“图书馆数据库”中查找资料。

查找文献的技巧

我们在第四章的查找文献中讨论了如何有效使用图书馆数据库。你现在所完成的研究任务与我们在第四章中描述的非常相似，只是没有那么广泛。

- 找到一篇与你的研究问题密切相关的文章并做以下事情：（1）检查参考文献列表；（2）查看哪些文献引用了这篇文章。利用这篇文章找到其他资料来源。（你可以通过一些数据库，包括 Web of Science 和 Scopus 来做到这一点。）
- 一旦你对自己想要完成的作业有了大致的了解——也许是

在你写好了计划书的前几段之后——就可以找图书馆员帮
39 助你熟悉使用图书馆数据库。图书馆员可以帮助你完成计
划书的最后一部分：参考文献。

- 尝试使用不同的关键词和短语进行搜索。查看**确实**找到的任何相关文章，了解他们用来描述主题的术语。
- 如果你搜索出很多与你的研究问题无关的文章，请使用搜索引擎的“非”工具删除不相关的内容。同样，图书馆员可以教你怎么做。

一旦开始图书馆资料研究后，你可能会发现自己的问题并不完全可行。不要气馁——好的问题和好的文献检索往往是相辅相成的。初次尝试提出的研究问题往往过于狭窄或过于宽泛，但这必须尝试之后才能知道。如果你的问题过于狭窄，你的搜索结果中真正相关的内容就会太少。如果问题过于宽泛（这种可能性更大），你的搜索结果就会太多，而一页一页地筛选、点击查看既不令人愉快，也没有成效。因此，在研究过程中要学会调整问题。虽然这看起来像是在浪费时间，但在一开始就花时间把问题弄明白，实际上可以为以后的研究节省时间和精力，而且还能增加写出好论文的机会。

如果你已经进行了一些智能搜索，但仍然没有得到足够多的好结果，那么你可以扩大自己的问题范围。例如，如果你的问题是关于**毒贩**的，那么你可以设想一个更普遍的、与社会学相关的类别，比如**越轨认同**。或者说，你决定调查亚裔美国人是否会因为要求出色学习成绩的文化压力而面临更多与压力相关的健康问

题——但关于这一主题并没有足够多已发表的研究。考虑一下相关人群、人际关系等方面的研究是否有关联。如果有关联，你可以将研究问题从亚裔美国人扩展到种族 / 民族差异如何影响与压力相关的疾病。 40

虽然有可能找到的资料很少，但在第一次搜索时，你更有可能被海量信息淹没。如果你已经对搜索条件深思熟虑，但仍然得到了一页又一页的内容，那么你就需要**缩小**研究问题的范围。基本上，这与我们刚才描述的过程正好相反。比方说，你可以将研究范围限制在特定的社会人口群体、仅限于两个变量之间的关系、针对某个地理区域的研究或某单独政策问题的理论讨论上。

无论缩小还是扩大研究范围，一个好的问题 / 文献组合都有助于撰写出一篇出色的图书馆文献研究论文——一篇围绕问题和主张展开、能让资料相互“对话”的论文。在修订问题和寻找资料之间来回切换，直到找到能有效结合在一起的问题和文献：一个至少可以在文献中找到大致答案的问题，以及一组可以贯通处理你的研究问题的文章。

一旦有了自己的问题和一套好的资料，你就可以开始阅读和写作了。我们为撰写文献综述和原创研究报告的理论部分所提供的大部分建议在这里同样适用。主要区别在于该部分的最后内容：研究论文的文献综述是以讨论你自己的新研究为基础的，而图书馆文献研究论文通常以总结你对研究问题的认识和简要讨论仍需深入探索的问题结束。

既然我们已经讨论了开始撰写图书馆文献研究论文的基本概念，那么我们将努力让你走上撰写一流论文的道路。

41

平庸的食谱

在我们家附近的一所中学，家政课的学生们正在学习如何制作华夫饼。他们使用的配方既不是来自名厨，也不是来自古老的家族传统。它就在盒子的背面：

1. 在搅拌碗中打入一个鸡蛋。
2. 加入 2 杯华夫饼预拌粉和 1 杯牛奶。
3. 搅拌至顺滑。
4. 在加热的华夫饼铛上烹制。
5. 加入黄油和糖浆。

如果这是你第一次“下厨”，你和你的老师可能都会对华夫饼能吃感到欣慰，对华夫饼外皮金黄、内里轻盈松软感到激动。但我们不要自欺欺人了——展示依据面粉盒子上的配方制作华夫饼所需的烹饪技巧不会给当地餐馆的经理留下深刻印象，更不会让正经餐馆的主厨刮目相看。那么，这和撰写图书馆文献研究论文有什么关系呢？

图书馆文献研究论文写作技巧

- **尽早与图书馆员合作。**虽然弄清这个问题 / 文献并非易事，但你也不是孤军奋战。好好利用那些迫切希望你去和他们交流的孤独的图书馆员吧。如果可能的话，找一个专门研究社会科学的图书馆员。这位图书馆员可能不是你所学社会学领域的专家，但他会很擅长应用图书馆数据库，不断改进搜索，并教给你新的搜索技巧。把这些才能用在完成你的作业上——在作业交稿日期之前。 42

- **围绕一个或一组关键问题组织你的图书馆文献研究论文。** 图书馆文献研究论文最常见的缺点之一就是缺乏综合性。学生们经常逐个地讨论他们的资料，而教授却希望他们比较和对比资料中的观点和证据。关键是要围绕一系列问题组织论文，而不是罗列资料。
- **避免过度概括。** 从资料中选取足够的信息和细节来表达你的观点。尽可能缩短直接引语——尽量将其融入自己的句子中。
- **把你的观点放在前面。** 大多数段落的开头都要表明自己的观点、要点和问题。然后引入材料的观点、证据或引文来充实段落。
- **用权威的、公开发表的证据来支持你的观点。** 这里不能只谈自己或他人的观点。

你可能在中学写过很多图书馆文献研究论文。在这些论文中，很多都要求你提出论点。换句话说，论文应该为你的论点（或**主张**）提出论据。如果你和我们一样在美国上中学，你可能还记得按照这样的“口诀”来撰写论文：

1. 选择一个论题（你是否相信它并不重要）。

2. 找到一些支持你的论点的证据（任何证据都可以）。

43 3. 忽略任何对你的论点表示怀疑的东西。

4. 在文章结尾说你的证据证明了你的主张 。

我们称这为“华夫饼速成论证法”——这是一种简单、相当万无一失的方法，可以搭建出符合最低标准的东西。（我们都同意：你做的那东西就是华夫饼。）然而，它生产的产品缺乏智慧或灵感：这是我的观点，这是我的证据。我们搞定了。我们吃吧。这样的研究论文，对于中学生可能是合理的期望，但是……让我们这样说吧：如果你的社会学教授希望吃到用荷兰酱精心烹制的班尼迪克蛋，你可千万别给他上盒装华夫饼。社会学是一门科学；在一无所知的情况下提出一个论点 ，然后找出一些证据来支持它，这既不科学也不有趣。

拥抱难题

即使你有一个好的起点，提出了一个好的问题，并搜集了一组有说服力的资料，也难避免陷入平庸的陷阱。撰写图书馆文献研究论文的核心是综合：对资料的观点和发现进行比较和对比。你很可能会发现**部分**资料在**某些**问题上达成了**某种**程度的一致。陷阱在于将论文的重点放在这些共识上。如果你这样做，你最终可能会写出一篇流畅但简短无趣的论文。（资料 1 说 X。资料 2、资料 3 和资料 4 基本同意。论文结束。）对于简单、明确的一致意见，很难说出什么有意义的话。盒装华夫饼而已。

当资料的意见似乎明显一致时，学生们往往会如释重负；而当资料发生冲突时，学生们又会感到沮丧。但是，如果你绞尽脑汁想写出一篇真正的好论文，就应该把这些情绪反应对换一下。如果你想展示自己的烹饪天赋，你就不会希望别人评判的标准是你是否能够按照盒子背面的 5 个步骤来烤制华夫饼。要学会将信息之间简单的一致视为无聊，而将分歧视为可能发掘有趣事情的预兆。

我们并不是建议你假装意见一致不存在——只是建议你把它 44
们作为好研究的起点。在你的论文中尽早提出简单的材料——显而易见的意见一致。但不要将其作为重点，而应将其作为背景，为讨论那些你没有找到明确共识的观点、发现和解释做铺垫。

你的教授会对这些棘手的问题更感兴趣，但他们不会期望你一定能回答这些问题。描述何处缺乏共识，展示研究结果相互矛盾的证据，或许提出一些可能的解释，这本身就是一流的工作。如果你的分析能有理有据地提出一个有说服力的回答，那就尽管做吧。但是，对资料进行深思熟虑的评估可能会让你认为，研究还没有达到可以得出有意义结论的程度。这本身也是一个很好的结论，而且是一个相当有水平的结论。

为了帮助你更好地理解如何将以上这些想法付诸实践，我们为这种方法制定了一个模板。这只是一个概念大纲，分为四个步骤，你可以根据自己的情况进行调整。

步骤 1：导言。主题 X 很有趣 / 很重要，因为……这就引出了我的主要问题 Y。对问题 Y 的研究揭示了一些更具体的问题：

Y1、Y2、Y3。

步骤2：简单问题。对于问题Y1，迄今为止的研究表明___。以下是支持这一回答的一些典型证据……

步骤3：难点。与问题Y1相比，问题Y2和Y3的证据就不那么简单了。

- 对于Y2：Z1研究表明……Z2研究认为……而Z3研究表明……
- 对于Y3……

45 **步骤4：结论。**回顾你在导言中提出的问题；总结已经论述清楚了的内容（“关于Y1的研究表明……”），澄清尚有疑问的内容（“然而，正如我所表明的，Y2和Y3更为复杂……”）。根据你的研究，你可能想在最后对未来的研究提出非常具体的建议，以帮助解决Y2、Y3等问题。

另一种方法：从大众媒体报道到研究文献

撰写图书馆文献研究论文的最大挑战之一是确定一个既有趣又能够处理的问题。学生们通常会先想出一个有趣的问题，然后开始研究。我们在此介绍的方法是从网络搜索开始，让互联网为你完成寻找问题的部分工作。

思路是这样的：因为社会学研究的是人与人之间的互动，所以社会学研究成果经常被新闻提及，也经常被歪曲。一个有趣的、几乎万无一失的图书馆文献研究论文话题框定方法是，如果大众媒体上讨论了某个**新出版的、与社会学相关的研究报告**，那就从这篇报道或文章入手。然后，这篇报道就给你提供了背景，并为你确定了一个明确的研究议程：调查报道中有关该研究的一种或多种主张。

提示：在尝试这种方法之前，请与教授讨论你的计划，以确保该计划对作业而言是可接受的。

以下是寻找有用的社会学研究新闻报道或其他文章的分步指南：

1. 在网上搜索术语**社会学**、**学习**和**研究**，以及与你的课程、项目或主题相关的任何特定术语。比方说，你的课程是关于家庭社会学的，你可以使用自己选择的搜索引擎用这些术语进行搜索： 46

社会学（研究或调查）（家庭或父母或兄弟姐妹）

当然，如果你有特别的兴趣值得关注，也可以添加其他术语。在本例中，你可以通过加入**兄弟姐妹间的竞争**、**离婚**或**祖父母**等术语来缩小搜索范围。

2. 得到第一个检索结果后，点击浏览器的“新闻”选项卡。这将使你的搜索结果仅限于新闻和相关文章。

3. 将你的搜索限制在最近的页面上——也许是过去一年。

4. 查找最近发表的关于特定研究的明确文献。快速查找的方法是在新标签页中打开有希望的页面，然后使用“查找”工具在页面中搜索**研究**、**调查**或**实验**等词。

5. 找到有希望的文章后，你需要找到正在讨论的研究报告正本。如果幸运的话，报道中会包含研究报告的直接链接，或者会给出研究报告的标题。如果没有，可以根据所提供的任何信息——通常是作者姓名和 / 或期刊名称——进行查找。（如果你遇到困难，图书馆员可以帮助你。不要在这个问题上浪费时间！）在新浏览器中打开全文（最好是 PDF 格式），看看文章是否可以访问，是否有趣。如果是，您就可以继续了！如果不是，请返回并尝试其他页面或调整搜索条件重新开始。

我们在步骤 1 中的搜索示例出现了许多有希望的搜索结果。
47 其中一个来自 Phys.org 网站，标题为“在性别更平等的国家，男性对额外家务更不满意”：

> 埃默里大学（Emory University）和瑞典于默奥大学（Umeå University）的研究人员在《社会政治》（*Social Politics*）杂志上发表的一项新研究显示，在男女分担家务更加平等的国家，已婚男性更有可能对自己分担的家务不满意，因为他们表示承担了更多的家务。

通过期刊名称和本文标题中的关键词，我们很容易就找到了正在讨论的这项研究，科恩里奇（Kornrich）和埃格尔（Eger）：“情境下的家庭生活：来自 30 个国家的男性和女性对公平与满足的认知”（出自《社会政治》2014 年冬季号，21 卷第 4 期）[Kornrich and Eger, Family Life in Context: Men and Women's Perceptions of Fairness and Satisfaction Across Thirty Countries.

Social Politics, Winter 2014, 21(4)]。

这里还有一个例子：该搜索获得的一些页面涉及一份研究报告，题为“同性父母子女的情感问题：定义上的差异”（“Emotional Problems Among Children With Same-Sex Parents: Difference by Definition”）。《基督邮报》（*Christian Post*）对该研究的报道是这样开篇的：

> 本月发表的迄今为止关于同性恋养育的最大规模研究报告显示，由父母抚养的孩子表现最好。虽然美国最高法院已经表示愿意重新定义婚姻，将各州的同性结合纳入其中，但最高法院也表现出了对其决定将如何影响儿童的关注。

与此形成鲜明对比的是，《大西洋月刊》（*Atlantic*）杂志关于这份报告的报道是这样开头的：

> 一项新的研究称，同性恋伴侣的孩子更容易出现情感和发育问题，但这更多地暴露了研究者而非研究对象的问题。

看到这两种观点中有趣的矛盾了吗？事实上，许多支持或反 48
对同性养育的其他媒体都引用了这份报告。这是一个金矿。你能想象出如何在撰写有关这份报告的文章时，将这份报告与经同行评审发表的相关研究报告以及其他一些报道结合起来吗？

找到研究报告后，你就可以很容易地找到更多关于该内容的故事。只需重复步骤 1—3，但要在搜索中添加期刊名称和第一作者的姓氏。这样就能找到更多与该研究相关的报道。如果你从一篇被广泛阅读的报道而不是随机的博客文章入手，那么这种方法效果会更好。前者表明这一观点已被广泛传播，因此读者会更感兴趣。

查看相关的页面，选择看起来最有趣的故事。你可能会发现不止一个，这很好。如果他们对研究的看法基本相同，你可以引用其中的两到三篇，说明该研究已被广泛报道。如果他们对研究有特别不同的看法，你可以引用（也许还可以直接引述）其中的两篇或更多，以解释分歧的性质、利害关系，以及为什么还需要关注其他研究。

你可以将研究报告加上一个或多个有关该研究的报道视为图书馆文献研究论文工具包。这些报道既提供了具体的研究问题，也为介绍该问题提供了背景。在论文开篇，你可以介绍（并引用！）有关研究的一个或多个报道——或许还可以引述一段或多段报道原文，表明他们对研究的兴趣或看法。这将引出**你的**研究议题陈述——包括将这些研究结果与其他相关研究或理论工作进行比较。你的分析将侧重于确定专家们在哪些方面达成了共识，在哪些方面还存在分歧（请参阅“拥抱难题”部分）。

49 关于呈现“辩论的两面性”的简要说明：记者经常陷入“正反两方面”的陷阱。在发现研究人员之间存在**任何**分歧时，他们会把它们说成是同样可信的说法 ——如果其中一个立场是异常的或来自明显有偏见的消息来源，这就会产生误导。并不是所有的社会科学研究都是同样科学有效的，有些研究人员在工作中带有强烈的目的性——甚至是其雇主要求他们支持某一特定立场。（有关非学术研究的讨论，请参阅第一章。）请根据现有证据提出你认为最合理的结论。

查找文献的最终策略：利用专家

每年，《社会学年度评论》杂志都会发表一整本社会学文献评论。你可以把它看作是由专业社会学家撰写的真正优秀的图书馆文献研究论文集。你的教授肯定不会期望你写出像这些评论那样广博的文章，因此我们不建议你将这些作为自己论文的范本。但是，你可以利用这些论文中的一小部分来寻找研究主题，并参考有关该问题的研究。找到一篇与你的课程相关的评论，然后挑出你感兴趣的部分，在其中寻找你可以缩小到一个研究问题的内容。

例如，如果你正在学习一门关于社交网络的课程，你可以看看我们中的一个人在《年度评论》上撰写的题为“人以群分”（“Birds of a Feather”）的文章。在第 420 页的一个小标题“种族与民族”（Race and Ethnicity）下有一个段落。仅这一段就引用了 10 篇研究论文。你可以先通过阅读该段了解这些论文之间的联系，然后浏览这些研究报告，看看哪些看起来有趣——这可能会引出你想追问的问题。因为“人以群分”是 2001 年出版的，所 50
以现在会有更多的最新研究。因此，你可以将评论中的段落作为跳板，启动你的调查，了解自 2001 年以来该知识库又增加了哪些内容。如果你的论文以《年度评论》为基础，你需要引用它，承认并解释它在你的论文中起到的核心作用。同样，你可能需要向你的教授咨询，以确保这种方法符合她（他）的期望。

如前所述，你需要用自己的语言写出已达成的共识和尚未解决的问题。请注意，使用这种依据《社会学年度评论》文章的方法，一个真正的挑战是避免抄袭，要确保你的观点在论文中合理而清晰地表达出来。如果你的论文读起来太像原评论，你的教授更可能会怀疑你，而不是留下深刻印象。如果你想借用原评论中的某些语言，请确保将其明确标注为直接引用。（请参阅第八章中关于如何引用资料和避免抄袭的详细讨论。）

第四章

开启你的原创研究项目

STARTING YOUR ORIGINAL RESEARCH PROJECT

51 如果你正在开展自己的原创研究项目，那么你将从事与专业社会学家相同的工作，像他们为社会学期刊撰写论文一样。无论你是为本科论文或硕士论文，还是其他毕业设计开展这项研究，你的书面成果都将类似于标准的社会学研究报告——社会学的标志性文体。

理想的情况是，你在开启自己的项目时正在阅读本章。我们建议你先浏览第四章到第八章，这将让你熟悉研究 / 写作过程的各个步骤，并告诉你该从本书的哪些地方寻找指导。由于我们的很多建议都是为了帮助你**在**研究过程**中**做出有效选择，因此，如果你在项目进行过程中能参考相关部分，而不是等到研究完成后再阅读，你将从本书中获得更多收获。

什么是“研究”？

教授们使用“研究”一词来指代各种各样的活动，这就造成了
52 很多混淆。有些人使用“研究论文”或“学期研究论文”所指代的研究任务，与我们在本章和后面几章中讨论的专业研究报告完全不同。对于这些作业，教师通常希望学生**在图书馆进行研究**，找到指

定课程阅读清单之外的资料，然后利用这些资料讨论与课程主题相关的概念或论点。我们在第三章讨论了这类作业。如果你不确定本书的哪些部分与分配给你的任务相关，请向你的教授寻求指导。

为了有助于你熟悉与完成研究工作各环节相关的任务，我们将在后面两章将有关内容分成不同的小节，以对应研究和分析的不同阶段。即使你并不需要撰写完整的研究论文，这些章节也可能有用。例如，研究方法课程的教授可能会要求你只撰写某假定性研究的方法部分。你的理论课教授可能会布置与文献综述和理论部分类似的内容，这些部分通常位于一份研究报告的导言之后。统计学教授可能会给你一个数据集，要求你写出相当于一份研究报告结果部分的内容。在某些课程中，你将通过撰写**研究计划书**来学习社会学研究的思维方式和研究过程——其中涉及的准备和写作工作与研究报告基本相同，但并不涉及开展实际研究。第五章和第六章的相应部分将对这些要求各异的作业有所帮助，我们将在第五章结尾就撰写计划书提出几点具体建议。

研究 / 写作过程概述 53

那么，从头到尾做完一个研究项目的主要步骤是什么呢？

让我们先来看看新手如何开展研究项目：

1. 提出我感兴趣的主题。
2. 想办法收集一些数据。

3. 开展研究。

4. 撰写论文。

如果你认为我们对这一计划持批评态度，那就对了。这种新手做法往往会造成精力浪费和不必要的挫败感，成果质量也不高。

以下是我们看到的这种方法存在的问题：

1. 从**主题**而非**问题**开始。在制定研究计划时，从“主题”入手不够聚焦。主题也不会与以前的研究路径建立明确的联系。这样做的学生将很难写出适当的导言和文献综述——这两部分要求将她的工作与之前的研究有意义地联系起来。

2. 选择研究方法随意，而不是基于其他研究人员使用的方法。这样做更有可能导致研究方法出现问题。这也牺牲了通过参考他人成功的研究方法来证明自己研究合理性的优势。

3. 将研究 / 写作任务视为**顺序性**任务，而非**迭代式**往返重复型任务。在研究过程的后期才开始写作，会让你失去澄清想法和发现潜在问题的机会，而及早着手写作会使你有可能更卓有成效地发现和处理这些问题。写作开始较晚也往往是导致研究论文质量低下的最大原因之一：时间不够。

54

关于研究过程的说明

新手认为研究过程是一连串独立的步骤。专家的研究方法则是迭代式的：他们总体上是向前推进的，但经常会后退一步，重新思考并调整他们在研究过程中的做法——尤其是在开始有研究结果的时候。为了帮助你理解为什么研究过程的这种差异很重要，我们将为你讲述一个关于研究生的真实故事。我们就叫她萨拉吧。

萨拉正在上一门课，这门课要求撰写一篇原创的、有可能发表的研究论文。她想出了一个有趣的研究问题：生孩子对父母的肥胖有什么影响？她找到了一个合适的数据源：美国人生活变化调查（一个公开的数据集）。于是，萨拉一头扎入了她的研究工作，她设想一旦完成了数据分析，她就会处理写作方面的事情。然而，当萨拉终于开始进行图书馆文献研究，为撰写论文的文献综述做准备时，她的心沉了下去。已经有其他研究者使用相同的数据集，发表了一篇关于这个问题的论文。因此，萨拉不得不从头开始，根据这些数据寻找一个不同的、相关的问题。如果**一开始**就进行文献检索，萨拉就会省去很多工作。萨拉这样的研究者有很多。

本章旨在帮助你明智地完成这一研究过程。这意味着要在提出问题和查找相关文献之间来回穿梭——直到你以合适的形式、在合适的范围内提出问题，从而可以有效地宣称，现有文献中存 55
在值得深入研究的空白。

由于你是社会学研究的新手，我们建议你采用一种与专家通常做法略有不同的流程，如表 4.1 所示。因为专家们已在该领域工作多年，他们相当熟悉其专业领域的以往研究。他们知道如何在现有社会学调查基础上提出研究问题。这些你不知道。专家们还知道如何选择或设计一种合理且适合其目标的方法。而这些你也不知道。在进行数据收集之前，做好这些事情对你的成功至关重要，你可不想花费大量时间进行了研究，**然后**才发现选题和提问存在问题。还有一点：专家们可以在完成数据收集和分析后，专门安排写作时间。你的写作时间受到校历的约束。

表 4.1 写作的技巧

为了成功完成研究 / 写作过程	
不要……	**而是……**
从某个主题开始	从某个问题开始。
随意选择问题	选择一个建立在以往研究基础上的问题。
随意选择方法	根据他人做类似问题研究使用的方法设计你的方法。
先研究，后写作	**在**研究**过程中**尽可能多地起草和修改。一旦确定了研究问题，就可以撰写导言。一旦准备好开始收集数据，就可以撰写研究方法。

56 因此，我们认为，随着研究进行尽可能多地写作，会让你的工作做得更好、更有效率：一旦你确定了研究问题，就可以撰写导言初稿；一旦你决定了如何收集（或获取）和分析数据，就可以着手撰写研究方法；以此类推。你在研究过程中写得越多，就越有时间从教授和同行那里获得关于你研究**和**写作的反馈。你也有时间修正需要完善的地方。

本章，我们将帮助你了解如何提出一个好问题，为在学科文献积累中持续进行学术对话做出贡献。下一章，我们将进一步讨论在你完成自己的选题分析后，撰写研究报告的基本要求，并指出在取得研究成果之前就可以着手撰写的论文段落。

提出研究问题

要进行社会学研究，你需要一个社会学问题。要做好一个研究，就需要一个好问题。看起来很简单，对吧？然而，新手却经常在这个早期的关键阶段被绊倒。从一个有问题的问题开始，会浪费很多时间。周六早上，你是选择从头重新开始你的研究，还是选择睡觉？（友情提示：选睡觉。）

好吧，我需要一个研究问题……

新手 1：从一个我认为有趣的问题开始……[时间流逝]……花了很多时间搜索之后，结果发现没有关于我问题的文献。如果没有相关文献可讨论，我怎么在论文导言中讨论相关文献呢？唉！ 57

新手 2：我先找一些以前的研究。我会在图书馆检索一个我可能感兴趣的词，可能是“认同”“民主”或“歧视”……好的，我找到了 10,352 个条目。我该怎么办？唉！

专家：我会先阅读一些最近发表的我感兴趣主题的研究。当我找到一篇非常吸引人的论文时，我会想如何调整研究者的问题，将其引向一个**稍微**不同的方向——也许添加一个不同的变量或研究不同的人群。我很容易找到相关文献，因为我就是从那里开始的！

首先，让我们先列出一个好研究问题的一些（通常未明确说出的）要求，然后对这些要求进行解读：

1. 它涉及**社会学**议题。

2. 与之前的社会学研究相关联。

3. 范围较窄，单项研究即可解答。

4. 可以通过已有的可用数据或你有时间和资源收集到的数据进行研究。

还有一点：值得一试的是，要选择一个你已经有所了解的社
58 会学问题——也许是你当前课程或之前课程中的问题。现在，让我们逐一讨论这几点。

你的问题是社会学问题吗？

并非每个涉及人或群体的问题都是**社会学**问题。尽管你**可以**对几乎任何主题进行社会学研究，但这并不是必然的。

许多学生将研究项目视为“我的社会学”项目，提出的问题都是自己生活中的重要问题。这样做也许不错，但这取决于你打算从哪里着手。假设你是一名学生运动员，你很恼火人们经常认为你不够聪明，因为你穿着队服，每天都在训练。（我们几乎可以用任何类别的人来代替……我们在某个时刻都会觉得自己被歧视了。金发女郎是蠢货；学生会干部是自命不凡的怪物；教授们与流行的音乐和时尚脱节，或者总是心不在焉；等等。）所以你决定调查“为什么人们对运动员有偏见”。这是一个合理的问题，也是一个可以找到合适证据的问题，但它还不是一个社会学问题。为了达到这个目的，你需要将你的个人兴趣加以概括——

将其视为一种更广泛现象的一部分，这种现象适用于除你个人之外的许多情况。这就好比向食品科学家询问蓝纹奶酪是如何变质的。他可能会觉得这个问题抽象有趣，但他并不关心你刚在冰箱里发现的那块三大蓝纹奶酪之一的罗克福奶酪。

“我的社会学”项目还有另一个潜在问题：当学生为此类项目进行实地调查时，他们往往希望与那些和自己很像的人——甚至可能就是自己的朋友——进行交流。这是可以理解的；这比和你大不相同的人交谈要舒服得多。但是，从与自己非常相似的人那里学到有趣东西的机会却非常渺茫。

为了避免这种狭隘的、以自我为中心的方法，首先要思考一 59
些社会学概念，这些概念可以作为透镜来观察你所关注的具体问题。“学生运动员”是一类人，一种社会地位，对吗？因此，你是对人们如何将特征与人的类别联系起来感兴趣。你可能会想起课堂上关于“刻板印象”或“身份含义”的讲座或阅读——或者如果你谈论的是具有政治色彩的大类别，甚至可以是“意识形态”。你现在有了一个良好的开端。很少有人是学生运动员，但几乎每个人都是或曾经是与某种负面特征相关的一类人。

作为一名新手，你可能会惊讶地发现，社会学家（比如你的教授）是否觉得某个问题有吸引力，更多取决于它是否与当前的理论或政策问题有明确的关联，而不是话题本身是否有趣。**你**可能想研究，你所在的学校来自纽约或亚拉巴马州的一年级新生，在遇到其他学生时，是否更有可能握手或碰拳，可是很少有社会学家会关心这个问题。但是，如果你能把这个问题与文化互动形式如何通过社交网络传播联系起来，你就可能找到一些有挖掘潜力的东西。

如何让问题“社会学化”

- 提出一个在两个不同层面都有趣的问题——抽象的理论层面和具体生动的案例或事件层面。
- 找到一种（或两种）适用于你感兴趣现象的理论。什么类型的证据可以帮助你判断该理论是否适用于这种情况？

60 无论如何，请选择一个你感兴趣的主题。但随后要将该主题转化为一个社会学问题。要做到这一点，最可靠的方法就是找到与你的问题相关的已发表的研究报告，然后在此基础上进行研究。如果一项研究已在期刊上经同行评审后发表，你就知道至少编辑和审稿人认为该研究在社会学方面具有重要意义。它为学科文献积累做出了贡献，所以你的后续研究也会如此。那么，让我们看看这一策略会给我们带来什么。

新颖的问题

正如我们所说，为了新颖而新颖，就很难完成社会学研究写作的一个重要部分——讨论新研究与之前工作的联系。如果没人做过任何相关的前期工作……那么，问题就来了。不过，你应该密切关注你的具体作业。有时，教授会希望你尝试收集和分析数据，以学习方法和提出证据。在这种情况下，她可能会让你选择一个你好奇的问题，而不期望将你的项目与文献联系起来。这与做“真正的”社会学研究不同，所以选择一个新颖有趣的问题也未尝不可。但要确保你没理解错。

新颖性除了会限制你能找到的相关文献外，还会在其他方面对你不利。不要低估使用别人开发的测量方法来研究你感兴趣问题的方便度。测量社会学变量是一件非常困难的事情，因此使用别人为自己的研究想出的测量方法比自己独自想出测量方法要安全得多。以往的研究者必须不断改进这种测量方法，直到产生值得发表的结果。学生通常认为，他们发明了新的做事方法就能得分。在教授看来，采用同行评审论文中提到的现有方法更有价值。这表明你一直在阅读（和关注研究现状）。这也让你与之前的研究有了非常直接的联系。现在，让我们来看看建立这种联系 61
的其他方法。

你的问题与以往的研究有联系吗？

要想成为有意义的社会学研究，你的工作必须有助于科学知识的积累。我们不会期望你的课堂作业能作为研究成果发表（尽管这种情况有可能发生：我们系的一名本科生根据她的荣誉论文获得了出书合同，该论文展示了亚裔美国学生如何以及何时与非亚裔学生发展恋爱关系）。不过，我们希望你**能**说明自己的工作是如何建立在前人研究基础之上的。

你现在可能在想：“所以我只能做别人已经做过的事情？太没创意了，也太无趣了。”但事实并非如此。有人曾经说过：“是的，你认为太阳绕着地球转。从你的角度来看，它**就是**这样的。但我对此有不同的思考方式。”你可以把关于见面碰拳头的研究变成一项重要而有趣的社会学研究。你只需要想办法把它和社会学家以前研究过的东西联系起来。你可以以文献为基础。你可以挑战已有研究。但是，忽视前人的研究就意味着你没有按照科学方法做科学工作，而科学是一项由许多人合作和竞争发展起来的积累性事业。这就是你要努力参与的大型“对话”。

一个好的策略是，首先找到一份研究报告，其中有人调查了你感兴趣的问题或相当接近的事物，然后你以某种方式扩展他或她的工作。事实上，与“我对什么感兴趣？”这个宽泛的问题相比，从你感兴趣的研究或理论入手更容易。也许你还记得某项研究，你在课上阅读过并被它吸引，或者在你阅读的文章中它被引
62 用过，或者你的教授在课堂上提到过它。从一篇具体的文章入手，可能比从一个具体的个人问题（“为什么因为我是个运动员，人们就认为我不聪明？”或“为什么新泽西州的人们见面会碰拳头？”）入手，然后再试图将其与一般的、抽象的社会学问题联系起来要容易得多。关于个人话题的图书馆文献研究也会给你带来很多破烂（不是社会学的东西）。试着在网上搜索“学生运动员”或“见面碰拳头”，你就会明白我们的意思：你会得到很多页面，但关于地位特征理论、负面刻板印象或网络扩散的内容却不多，而这些内容才能帮助你写出一篇优秀论文。

从现有研究到新项目

假设你采纳了我们的建议，找到了一篇你感兴趣的研究文章，如何将其扩展到**足够**新的问题域，在完全新颖和无聊重复之间找到平衡点？以下是一些可行的方案。但在确定某个方案之前，请务必向你的教授咨询。哪个方案可以接受，取决于作业教学或评估的内容。例如，如果你需要开发一种研究方法，前两个选项可能就不合适。

1. 你可能会进行一项重复研究。这似乎是最没有原创性的事情。但请记住，重复是科学的核心——重复的目的是让其他人在（大致）相同的条件下观察相同的事物，从而看到相同的结果。现在，无论你正在阅读什么研究，你都可以肯定，你不可能做**完全**相同的事情。你是不同的人，在不同的时间，处于不同的环境。因此，即使尝试重复以往研究者所完成的工作，也只是某种程度上的延伸。如果之前的研究使用的是 2000 年一项大型
全国性调查的数据，而你使用的是 2015 年的另一个高质量全国 63
性数据集，那么你就是在做重复研究，只不过是针对不同的时间段。如果你的结果与他们的结果相吻合，则表明他们的发现在今天仍然有效。（除非后来的调查碰巧使用了完全相同的测量方法，否则结果也可能会有不同。这表明，测量有吸引力的社会事物的方法并非只有一种，而其结果也会各有不同。）

2. 下一个研究的扩展更进一步——选择有意地改变研究环境。写作者在 X 人群中的发现是否适用于 Y 人群？你可能会发

现在南方一所大型公立大学中，一项关于“勾搭”建立短期性关系的研究（Lambert et al. 2003），并想知道在西海岸一所小型精英私立学校中的研究结果是否相同。这些都是非常不同的环境。你可能会就不同的学校规模、学生多样性或文化氛围会如何影响结果提出理论观点和假设。这种方法的好处是，无论哪种结果，你都会有一个有趣的发现：如果相同的模式在截然不同的环境中**确实**成立，那么你就得到了一个强有力的重复研究。如果你发现了差异，你就可以向读者解释一些有趣的东西。无论如何，你都不必进行基础研究设计——它已经设计好了。

3. 你可以提出与前人研究报告中相同的问题，但使用不同的具体案例来回答。比方说，你感兴趣的那篇文章显示，在墨西哥，与教育程度较低的土著父母的子女相比，受过高等教育的土著父母的子女更有可能自我认同为土著（Villereal 2014）。你可以看看这篇文章中研究的概念，并尝试找出如何用不同类型的数据来研究这些相同的概念。在这个例子中，重要的关系是原住民
64 认同与父母教育之间的关系。事实上，这篇论文研究的是墨西哥原住民的身份认同，这只是一个特定案例。你可能会问，来自其他国家的移民是否也有这种情况？（你也许可以利用现有的调查数据来回答这个问题，或者你也可以针对本校的学生设计自己的调查。）

4. 另一种方法是增加新的元素——也许是改变自变量或因变量。对墨西哥原住民身份认同的研究侧重于父母的教育水平。也许你认为社区的构成也可能是一个影响因素。如果你正在进行的研究基于以往研究使用的公开数据，你可以找到这套数据，并

在自己的分析中加入你感兴趣的新自变量（解释变量）。这样，你既可以重复研究，又可以讨论一些新问题。

5. 你还可以改变前人已发表研究问题的方法，用于重新调查。假设社会分层课上，你阅读了杰茜·史特莱伯（Jessi Streib 2015）关于跨阶层婚姻的书。你不会有数年时间用在进行深度访谈和定性分析上，而这正是她获得证据的方法。但你可以在自己的校园里对跨阶层的恋情做一次有针对性的调查问卷，就史特莱伯发现的导致阶层冲突的议题提出自己的问题。

撰写研究论文最困难的方法可能是从一个一般性的理论问题开始，然后将其转化为一个具体的可研究问题。为什么这么难？因为你必须事事亲力亲为。首先，你必须确定主要概念。假设你在关于组织的课程上阅读一本有关组织生态学理论的著作。书中有很多概念，但有两个概念引起了你的注意："规模"和"分化"。该理论认为，这两个对组织绩效都很重要的因素是互相关联的。 65
你进展顺利，你已经确定了主要概念以及该理论如何论证它们之间的联系。现在，你必须自己找出如何在研究环境中测量这些概念及其相关性。这本身就是一项复杂的任务。例如，既然你有机会接触校园组织，也许你会决定研究它们。确定每个组织的规模非常简单——它们有多少成员？但如何测量分化呢？你读到的大多数文章研究的都是企业，用公司的部门数量或销售产品的范围来测量分化。这与校园组织没有任何关系。在这种新的研究环境下，你必须想出一种新的方法来测量分化。

从理论出发，需要比前面的方案 1—5 更多的思考、创造力、劳动和耐心。但是，这可能会让你收获颇丰。在实际开始收集数据之前，请务必系统地完成这一过程，并与你的教授进行磋商，以确保你的测量方法能真正触及你想研究的概念。一定要注意你的理论传统中的科学家在自己的研究中通常如何测量事物。这可能是一个重要的榜样。

关于新颖性的一句话

你可能认为，一个好的研究问题就是一个还没有人想过要问的问题。但是，作为该领域的新人，你如何知道哪些问题**已经**被提出过呢？

66 新颖性并不代表问题值得回答。事实上，如果这个问题与已经完成的研究没有直接关系，那么很可能你会遇到不可预见的障碍。与其担心是否新颖，不如在别人已经完成的基础上再接再厉。这就是科学。当你在谷歌学术上搜索时，你会看到开头的页面引用了罗伯特·K. 默顿的一句话："站在巨人的肩膀上。"默顿是一位社会学家，一位伟大的社会学家，也是一位诺贝尔奖获得者的父亲。如果他愿意"站"在别人的作品上，那么你也没问题。

作为一名新手，你正在学习做所谓的"常规科学"。一旦你知道如何完成一个成型的研究过程，你也许就能提出更多新颖的想法，从而改变这个领域。但一开始，跟随他人的脚步是一种回报率更高的策略。

你的问题是否足够狭窄？

研究新手选择的问题通常比专家选择的要宽泛得多，而专家并不受学期时间的限制。问题不够集中的一个常见原因是把**主题**误认为问题。一个专业的社会学家可以把一个典型的学生研究话题切割成 50 个完美的研究问题。你的教授可能在她（他）的整个职业生涯中都在研究比你最初的论文想法更狭窄的领域。

假设你注意到校园里有人经常喝酒，而且当他们和其他经常喝酒的人一起出去时，他们似乎特别容易喝醉。这种模式为你的研究项目提供了一个想法，你可以从社会学的角度来构思 67
这个项目：“我要研究同伴对饮酒的影响。”这个问题范围够窄了吗？通过一些数据库工作，你找到了一篇关于该主题的评论文章（Borsari and Carrey 2001）。这篇文章写于 10 多年前，引用了大约 100 项研究（自那以后可能又有几百个研究出现了）。这些研究中的每一项都代表了一个关于同伴对饮酒的影响这一话题的独立研究项目。你明白我们的意思了吗？

面对如此多的现有研究，新手可能会担心，所有值得做的研究都已经做完了。而专家则认为每项研究都是新问题的源泉。让我们假设你从这篇文章的问题开始自己的研究：“同伴影响：在线和离线友谊网络对青少年吸烟和饮酒的影响”，发表在《青少年健康杂志》（*Journal of Adolescent Health*）上。在这项研究（Huang et al. 2014）中，一项针对南加州 10 年级学生的大型调查显示，使用社交网站对饮酒行为没有太大影响，但从朋友那里获得饮酒聚会的照片却有影响。你如何从这篇文章中提出新的研究问题？

以下是一些选项：

- **随着年龄的变化而变化**："高年级学生受这种同伴影响的程度是否与低年级学生不同？"你身边都是大学生，也许你可以对他们进行调查。或者，你可以找到一个有年轻学生样本的数据集（如 Add Health）。
- **随时间变化**："现在的学生受同伴影响的程度是否与过去不同？"也许你可以找到一个较早的数据集，与黄（Huang）及其同事的研究结果进行比较。或者，你也可以找到一些关于使用社交网络或智能手机应用程序的最新数据，这些数据在之前的研究中并不存在，然后将其与他们的研究结果进行比较。
- **性别差异**："在聚会上分享饮酒照片对男性和女性的影响是否不同？"因为人们普遍认为男性和女性使用网络资源的方式不同，所以你可能会找到一些文献来表明这一观点。先前的研究对性别进行了控制，但并没有聚焦于此。你可以更深入地思考这个问题，寻找性别与主要自变量（分享图片）之间的统计交互作用。
- **种族、民族、性偏好、地区或宗教的差异**：由于黄的研究是在南加州进行的，因此具有特定的社会人口背景。例如，如果在美国南部进行研究，非裔美国人和非西班牙裔白人（分别只占黄研究样本的 0.4% 和 4.9%）的人数会多得多。因此，在拉丁裔群体并不庞大的地区，作为拉丁裔的意义也会有所不同。（该样本中近 70% 为西班

68

牙裔。）

- **社会经济背景的差异**：这项研究是在一个学区进行的，因此社会经济地位的差异不大。另一个数据集可能会有更多差异。
- **群体成员身份的差异**：你可能会问，希腊人（女生联谊会和兄弟会成员）饮酒对同伴的影响比非希腊人大还是小。如果换一个新的人群（如大学生），新的群体成员身份可能会变得相关。在这项针对以西班牙裔为主的学校的研究中，希腊裔成员并没有出现，但在研究大学生对社交媒体的反应时，希腊裔成员可能会成为研究的核心。
- **关注因变量的特定范围**：在寻找这篇论文时，我们发现另一篇论文认为重度饮酒与轻度饮酒的根源不同。研究 69
社交媒体对酗酒（相对于喝一两杯）的影响问题可能会很有趣。
- **增加一个新变量**：有文献表明，家庭成员对饮酒行为有很大的影响。将这一变量加入研究中可能会很有趣，尤其是在研究对象是大学生的情况下，家庭的影响是否会延续到大学时期？

通过直接从早先的一篇论文中提出你的问题，你已经对截至那时的文献有了很好的回顾（这就是同行评审过程给你带来的好处；发表论文证明写作者已经获得了“A”）。你可以查看引用你核心论文的文章，补充更多最新内容（稍后详述）。通过只关注一个新要素，你既可以减少相关文献的数量（很多！），又可以给自己提供一些具体的研究内容。

你能在有限的时间内获得所需的数据吗？

当学生想到要做研究时，他们通常首先想到的是通过与人交谈来收集数据：他们想就某事采访其他人（通常是其他学生）。在某些课程中，尤其是方法课程，你可能无法选择是做定量研究还是定性研究。但在某些作业中，你可以这样做。

定性研究——无论是基于访谈还是基于细致的民族志观察——可能**看起来**比处理定量数据更容易，因为你避免了"s-word"（统计）。但事实上，这是一项非常艰苦的工作，需要花费大量的时间——不仅仅是进行访谈或观察，还要对访谈进行转录和编码，并在获得信息后对其进行分析和解释。我们来算一笔账：招募和安排每个访谈可能需要半小时，每次访谈也需要半
70 小时或更长的时间（加上路途时间），然后需要几个小时对谈话进行转录和编码，累加起来每次访谈需要 5 或 6 个小时。要想获得系统的信息，大概至少要做 10 次访谈。（你可以问一下教授做多少个访谈合适。）如果访谈过程运气不佳（这在研究中时有发生），这意味着在开始任何真正的分析或调研结果撰写之前，你需要投入数周的全天候工作。

我们并不想暗示你应该避免定性研究。我们只是想确保你不会错误地认为，定性研究比同等质量的定量研究更容易或更快。定性研究也可能涉及一些费用，如转录或编码软件。如果你正在考虑收集定性数据，请务必尽早与你的教授讨论可接受的证据水

平，以及你的计划是否有可行性。

因为即使对专家来说，收集足够数量的数据也是一项挑战，所以专业社会学家通常会使用数据库中已有的数据。如果你可以选择不同的方法，请考虑使用数据库——尤其是如果你的项目周期仅限于一个学期的话。社会科学家多年来收集了大量的数据。其中最大的可能是 ICPSR——政治与社会研究校际联盟。他们收集了有关各种事项的数据集。虽然这些数据大多是调查数据，但也有一些文本文件和访谈记录。这意味着你可以使用这些数据进行定量研究或定性研究。

使用这些以往收集的数据库之一除了可以获得高质量的数据外，还有一个额外的好处：你几乎总能获得与之配套的文献资料。如果有人费尽心思收集某个主题的数据，他或她一般总会发表一些关于这些数据的文章。因此，你既可以查看人们测量了哪些数 71
据，也可以查看迄今为止人们利用这些数据发表了哪些文章。

例如，如果你对 ICPSR 分类“冲突、侵略、暴力、战争”感兴趣，你可以在“国家内部的冲突与稳定”和“国家之间的冲突”之间进行搜索和选择。如果选择后者，你将找到由 T. Y. 王（T. Y. Wang）收集的《1986—1990 年非洲政变事件数据》（ICPSR 6869）。然后，你可以使用谷歌学术或其他搜索引擎对数据集和写作者进行搜索：这样你就有了一个初始文献和一些特定论文，可以据此开展一个研究项目。事实上，ICPSR 通过在数据列表中包含一些使用该数据的关键引文，让你的工作更加轻松！这些引文中的某一篇可以成为你开展研究的核心文章或核心书籍。简而言之，你只需坐在沙发上，就能在几小时内完成对非洲政变的研究。这是一个多么美妙的社会科学世界啊！

“数据库”的混淆

在社会学中，**数据库**有两种截然不同的含义。由于这两个含义都与研究工作有关，因此有可能造成混淆。

含义 1：以前收集的数据集合，用于新的分析。许多社会学研究都是从这些数据集中选取数据进行分析，因为研究人员很少能自己收集到如此大量的高质量数据。

72 **含义 2：**在线、可搜索的出版作品索引——可通过大学图书馆网站访问。虽然有些数据库是通用的（Web of Science），但社会学家通常使用那些专门为社会科学设计的数据库，如《社会学文摘》（Sociological Abstracts）或西文过刊全文库（JSTOR）。

以下是更多的一流数据库的例子（还有很多其他的）。

- 美国全国选举调查。通过在选举前后进行访谈，研究自 20 世纪 50 年代中期以来的历次总统选举。
- 综合社会调查。自 20 世纪 70 年代以来，每隔几年对美国成年人进行一次概率抽样访谈。
- 调查文件和分析项目。该项目由加州大学伯克利分校负责，包含美国全国选举调查和综合社会调查，以及大量美国人口普查数据和一些更专业的研究。如果你想进行分析而无需学习新软件，该网站还提供了一套不错的分析工具。

还有一些数据库非常庞大，它们有自己的网站，向你展示如何下载和使用数据。下面是一些很好的例子：

- 全国青少年健康纵向研究（Add Health）
- 全国青年与宗教研究（NSYR）
- 全国劳动力变化研究（NSCW） 73
- 世界价值观调查（WVS）
- 国际社会调查计划（ISSP）

如果你在发表的文章中读到某个数据库，并考虑将其用于自己的研究，请在网上搜索数据库名称。你通常会找到一个网站，告诉你如何使用这些数据进行相关研究。如果你是国际学生，也许可以找到英语以外其他语言的数据库。你还可以选择在《世界价值观调查》或《国际社会调查》中将你具有专业知识的某个国家与美国进行对比。

这些数据集中的每个问题在某种意义上都具有“社会学意义”。社会科学家团体认为，每个问题都值得投资，因为收集数据需要真金白银。（综合社会调查的通常规则是让受访者用 15 秒钟回答一个简单明了的固定选项选择题；这听起来并不算什么，但你要知道完成这套提问一共需要花费大约 25,000 美元。）一个熟练的社会学家几乎可以从这些大数据集中挑选出任意两个问题，然后创建一个好的研究项目——证据已经摆在那里了！（当然，我们的实际研究工作并没有那么随意。）因此，当一个研究项目作业布置给你时，请考虑选择公开可用的数据——除非作业规定你要自己收集数据，如果你的教授希望你学习如何自己收集数据，就会这么布置作业。

不要被大型数据库吓倒

第一次查看公开数据库可能会让人不知所措——有太多的变量
74 和太多的相关出版物。但不要气馁。它们是不可多得的资源，而且学习如何使用这些数据库比自己收集数据更省事、更可靠。不要担心使用这些大数据集可能需要进行统计分析。有人可以指导帮助你完成这一过程。教授们都知道，学生们只有自己动手，才能**真正**学会统计。（记住，他们也曾经是学生。）他们不会对你需要一点新知识感到惊讶。

你所在学校的工作人员也可以帮助你解决下载数据的实际问题。校园里经常有专门为此设计的“服务台”。你甚至可以找当初教你统计学的教授寻求帮助。他们可能会很高兴看到你在使用那些在他们的课程中学到的技能。

查找文献

坏消息是：学生往往在图书馆文献研究上花费太多时间，结果却不尽如人意。好消息是：别人可以帮你完成一些工作，或者说，**和**你一起完成。我们不知道为什么，但要说服学生从图书馆员那里获得帮助似乎很奇怪，他们本来就是学校**花钱**请来帮助学生文献检索的。

对于像你这样的新手来说，要做好文献检索有两个明显的挑战：理解什么是“文献”，以及哪些是精心挑选的资料。一旦掌握了这些概念，你就可以在图书馆员的帮助下完成高质量的检索，而花费的时间可能只是你自己独自完成需要的一小部分。（第七章“选择和使用资料”中有更多与此相关的信息）。 75

什么是“文献”

你应该知道这个问题连**我们**都很难回答。这是一个重要的“隐性知识”案例——人们知道但却感到难以向他人传达。这就好比向一个五岁的孩子解释大房子和豪宅的区别……或者向我们之一解释 Instagram 和 Snapchat 的区别！

让我们回到第一章的研究画面：一个有很多人的大派对。每个人都不是直接在这个大聚会上交谈，而是聚成不同的群组。学科就像这种派对，而对话群组就像不同文献。因此，我们必须找出**你**参与对话的边界。

你可以将其视为一个网络问题。社会科学中哪些部分聚集在一起？如果我们从最大的层面入手，我们会看到不同学科：经济学家与经济学家对话，政治学家与政治学家对话。但是，当我们寻找文献时，我们谈论的是更细化的观点。谁在谈论你想要回答的问题？如何利用他们的研究成果和观点来帮助你思考自己的研究？

如果你还没有找到我们之前推荐的“核心文章”，你可以从你某门课程的研究资料入手。如果你是研究生，你可以读一下在专题讨论会上阅读的文章。如果你是本科生，可以看看你的课本；所有本科生的课本都是建立在现有研究基础之上的。去看他们引用的一篇看起来像研究报告的文章。这很可能是一项核心研究。我们试图让你换一种方式来思考你在课堂上读到的研究文章。第一次阅读时，你们的重点是写作者发现了什么。但现在，你们要把这篇文章或这本书看作是一项研究工作：他们做了什
76 么？他们以谁的成果为基础？你需要找到一组相互关联的文章，它们以相同的方式讨论同样的事项。

也许我们可以把查找文献资料比作在校园里寻找与你有共同兴趣爱好的那群学生。如果你喜欢双打乒乓球，那么谁会在周末组织活动并参加比赛？你想“找到”那群研究相同问题的社会学家，相同问题让他们能够相互交流，而你也想参与进来。在找到正确的研究问题和文献之前，你应该计划探索其中的几个群组。正确处理研究过程中的这一部分，会让其他所有事情变得相当容易。

图书馆数据库：查找资料的专业资源

大学图书馆不同于公共图书馆。它们致力于支持研究工作。大学图书馆网站最有价值的功能之一就是访问研究数据库。你所在学校的图书馆可能拥有几十个甚至上百个不同的专业数据库，每个数据库都是为了方便查找某个研究领域的最佳资源而设计的。图书馆

员很乐意指导你选择最适合你项目的数据库，甚至会教你如何有效地使用它们。

近十年来，数据库出现了一个强大的新功能：可以从文章发表的时间**向后**搜索，查看谁引用了这篇文章。在这方面，Web of Science/Web of Knowledge 和 JSTOR 是两个出色的数据库。请图书馆员教你使用这一功能，以便在找到一篇文章后，搜索出更多好的资料。

什么是合适的资料 77

如果你在互联网上搜索一个社会学话题，你会发现很多材料。排名第一的可能是维基百科的文章。这不是坏事。这意味着你选择了一个人们感兴趣，并为其撰写了条目的主题。你应该认识到，维基百科上的文章并不是严肃的学术文章，尽管它们可以作为启动平台。如果文章写得好，就会引用一些核心资料。（如果没有，请忽略它；它显然不是科学家写的。）查看这些资料。一旦你找到了一篇高质量、非常有相关性的参考文献——你在这一过程中的“核心”来源——就可以使用“科学网”（Web of Science）数据库向前和向后查找更多来源：你的核心论文引用了哪些参考文献？谁引用了你的核心文章？一篇文章的日期会给你提供一个线索，告诉你应该关注哪个方向。如果是最近一两年发表的文章，向前看他们的引用，看看他们是在什么基础上发表的。如果是一篇较早的文章，则向后看，看看谁引用了你的核心文章。经常被引用的东西通常比很少被引用的东西更重要（科学网会自动给出这个“分数”)。即使被引用了几次，也说明文章受到了关注。

开始搜索后，不要立即开始阅读获得的页面。你要提高效率，只阅读那些可能对你的项目有帮助的文章。有了搜索结果后，先扫描标题。如果有些文章看起来很有希望，就浏览一下摘要。如果你没有找到好的文章，或者只有几篇，这说明你可能需要重新构思你的检索问题。但是，如果有十几篇文章命中了你的主题，那么你就可以在此基础上继续思考了。

如果检索结果看起来令人沮丧，请记住我们之前的建议：和图书馆员一起做这件事。而且要尽早求助。这不是能拖延到论文交稿日期前一周的任务。在你确定研究问题**之前**，这项工作就已
78 经开始了。事实上，这项检索阅读工作将帮助你制定一个有效的研究问题。文献搜索和形成研究问题在很大程度上是鸡生蛋还是蛋生鸡的问题：在这两个过程之间来回切换，直到两者结合在一起。

从根本上说，你要努力从社会科学文献中找到与你的主题相关的**核心**文章。对于一个严肃的研究项目来说，至少要找到 15 篇文章。如果没有至少 10 篇左右的文章，你就没有足够的材料作为基础——基础太薄弱。但是，对于一个必须在不到一个学期内完成的课堂项目来说，多于这个数量的资料会让你没有足够的时间认真对待其中的任何一篇。一份包含 50 个资料的清单，就像在建筑工地上随意倾倒了一拖拉机的建筑材料；即使你需要的东西都在那里，你也没有时间在成堆的木材中寻找一个门把手。

你可能奇怪，在不知道你的研究问题的情况下，我们怎么能

说你需要多少资料呢？这关系到你的网撒得有多大。如果你面前的大海充满了海洋生物（想想同伴对饮酒的影响），那么你就必须决定要捕捉什么。如果你在一个地方钓了一个小时，却只钓到几条小鱼（想想学习社会学课程对贫困观念的影响），那么你就需要多走动走动。

怀疑论启蒙之路

当学生开始认真阅读社会学研究文献时，他们往往会陷入两个极端。起初，他们会认为，因为这是“科学”，因为它已经发表，所以其中的一切都**必须**是“真实的”。这就是图 4.1 中的**轻信**阶段。但是，当学生开始学习社会学的方法时，他们会发现，调查问题的措辞或数据编码的方式等，都会对收集到的证据产生很 79
大影响。他们了解到数据库可以用不同的方式发掘出不同的结果，他们在统计课上看到标准技术被错误使用的例子。他们还听到教授指出他们所读研究报告的局限性。现在，这些学生可能会进入**愤世嫉俗**的阶段，认为所有社会学研究都存在固有缺陷，因此毫无价值。处于这一阶段的学生可能会像你们的祖母所说的那样，冒“把孩子和洗澡水一起倒掉”的风险。

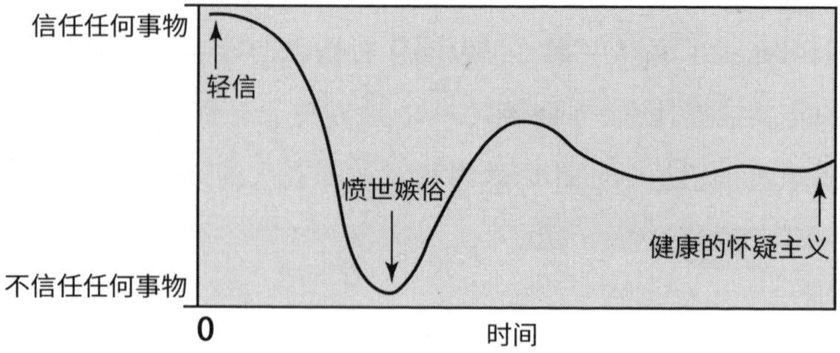

图 4.1　从轻信到愤世嫉俗再到启蒙的过程——健康的怀疑主义

我们希望你们能尽快度过这些幼稚的阶段，进入更成熟、更有用的**健康怀疑**阶段。持怀疑态度的读者明白，任何一项社会学研究都可能具有误导性——无论是因为方法应用不当、观点过于笼统，还是因为其他局限性或缺陷。然而，她（他）也会**宽容地**阅读——理解尽管存在各种局限性，但研究可以帮助我们对社会世界的某些方面理解得更好一些，起码与研究没有发表之前相比我们能做到的要更好。如果没有这种宽宏大量的胸怀，我们将既没有婴儿，也没有洗澡水，只剩下一个脏兮兮的浴盆、一摊摊的水洼、湿漉漉的卫生纸，以及各种毫无用处的吱吱作响的橡胶玩具。仔细想想吧。

80 这样做是为了避免愤世嫉俗的解读——这会让你因为研究的不完善而全盘否定整个工作——同时保持批判性的立场，成为一个聪明的社会学研究使用者。一旦你开始进行自己的研究，你就会变得更加宽容；你会了解到，进行一项像样的研究会有多少困难，而且你所做的每一个决定都需要权衡利弊。

关于过程的建议

学生们最后往往会得到一大堆打印出来的论文（通常都有很多重点标注），但却不知道如何使用它们。实际上，即使在阅读研究文章一两天后，你也很难记住文章中的要点。那么，几**周**之后，当你撰写文献综述或理论部分时，如何将其重新浮现出来呢？当你找到一篇值得通读的文章时（换句话说，这篇文章对你的研究问题及其文献非常有用，也非常重要），你可以采取一个双面账本的形式做笔记。一面记下论文的重要论点或发现，另一面，记下你可以如何**利用**这些信息来构建自己的论点。你也可以在 Word 或 PDF 文件中插入注释来做类似的事情。或者，如果你想做得更复杂（更高效），可以学习如何使用 Endnote、RefWorks、Mendeley 或 Zotero 等参考文献管理工具做笔记。

无论是哪种分类账，都不要大量重复文章本身的内容。毕竟，如果你在实际撰写论文时发现需要更多细节，你仍然可以回过头来再阅读这篇文章。相反，你只需抓住最大、最有用的要点，并记下自己会如何使用它们。这样，即使已经过去了一段时间，你也能重构阅读时的思维过程。

建立理论框架

81

要使你的研究真正具有社会学性质，你需要将其与该领域已形成的一般理论框架联系起来。与提出问题和文献综述一样，这个过程也是一个先有鸡还是先有蛋的问题。你使用哪种或哪几种理论取决于你的问题……但你的问题可能是由你在课堂上学习到（或在文献综述中阅读到）的某些理论的发展所推动的。当你看到写作者们提到同样的古老文章来构思他们的作品时，请在脑海中用“经典”代替“古老”。这些作品往往是整个领域的支撑基础。虽然回过头来阅读几十年前的作品似乎效率不高，但这可能正是你为论文提供理论框架所需要的。

在确定相关理论时，要毫不犹豫地向你的授课教师（或你所在系的其他教授）寻求指导。与图书馆员相比，你的教授更有可能知道哪些资料对某一理论视角进行了很好的经典概述。如果向你建议的理论视角不止一种，该怎么办？有时，一个研究领域会有两种相互竞争的理论。这时，你需要做出决定。你是否有能力判断其中一种或另一种理论最能说明你的证据？还是应该尽早决定只用其中一种方法来解决问题？同样，教授的建议也能帮到你。

即使你参加的对话理论性不强（没有涉及这些经典资料来源），你也需要考虑将自己研究问题中的变量联系起来的**过程**（我们通常称之为“机制”）。因此，当你探索这些文献时，请花一些时间思考**为什么** X 会与 Y 相关。查找一些有关此主题的研究。当你开始起草论文的前面部分时，这些研究将非常有用……我们将在下一章进行讨论。

第五章

原创研究写作：在数据获得“前”

WRITING ABOUT YOUR ORIGINAL RESEARCH: *BEFORE* YOU HAVE DATA

82 你已经花时间提出了一个有趣且易于处理的研究问题，明确了你的问题属于现有研究文献的范畴，确定了理论框架。恭喜你——是时候开始研究了！但要避免一个常见的错误，那就是等到完成研究后才开始着手撰写论文。边做边写可以帮助你批判性地思考你的项目。它还能让你有时间获得研究反馈，同时有时间可以做出必要的调整。**在**开始确定研究方法**之前**，你可以从导言初稿获得反馈，从而确保你有一个好的问题和有意义的理论框架。此外，**在**开始收集数据**之前**，你还可以就方法部分的初稿获取反馈意见，从而确保你的方法可靠。

这还不是全部：尽早开始写作可以让你写出最好的文章，因为你不会感到慌乱。相信我们，如果你等到收集和分析完数据后才开始撰写整篇论文，那么你很可能仅仅为了写完报告**全**稿，就得拖延到截稿时间之后，更不用说要让报告写作达到优秀水平了。最后，早着手写作还能让你有时间按照最有可能成功的写作流程进行写作。将写作时间分散开，会使你有机会根据反馈意见修改你的作品。同样重要的是，分散写作节省下的时间，会让你
83 有可能获得几天时间暂时放下写作，然后以全新的眼光重新审视自己的作品。老实说，即使你花在写作上的时间总量相同，但把

时间分散到几周或几个月中，也会使你的写作更科学，写作成果更好。

什么是研究报告

要撰写一流的研究报告，你需要了解你要撰写的内容。研究报告的主要目的是向其他研究人员介绍开展新研究的方法和结果，从而推动该领域知识的发展。撰写研究报告需要解释研究的**原因**、**方法**、**发现**以及这些发现的**意义**。虽然具体内容各不相同，但你撰写的任何完整的研究报告都应做到以下几点：

1. 告诉读者你的研究问题是什么，并解释为什么值得尝试回答这个问题。（导言）
2. 向读者展示你的研究与该领域以往研究及现有理论之间的关系。（文献综述 / 理论）
3. 让读者相信你的证据收集和分析得当。（方法）
4. 介绍你的发现。（结果）
5. 结合问题和以往文献解释你的研究发现。（讨论）

这五项任务决定了研究报告的体裁。虽然完成每项任务所需的篇幅取决于诸多因素，但我们知道，在没有预期长度的情况下写作是很困难的。因此，在表 5.1 中，我们估算报告各部分的长度（双倍行距）。我们根据典型的期刊论文来做出估算。对于本 84
科生的毕业论文或研究生的研究论文来说，这个长度应该差不多了。如果你正在做一个学期项目，而你的老师告诉你要力求短一些，那么你可以删减我们的估计篇幅。如果你所在的系有撰写较长论文的传统（你研究过本系优秀论文范本，对吧？），你可以增加篇幅，但应该保持各部分的大概比例。

你在为谁写作?

学生们往往难以确定，哪些内容需要解释，以及要包含多少细节。如果你对受众没有很好的认识，这种情况也是意料之中。除非有人告诉过你另有做法，否则请遵循以下指导原则：假设你的读者对社会学有一般知识，但不要假设他们对你研究的子领域有太多了解。绝对不要假定他们事先对你的特定项目有任何先验知识。即使事实上你的唯一受众是你的指导老师（你应该经常与他交流），你也要为够聪明、懂社会科学、以前没有听说过你项目的读者写作。

85 **表 5.1　典型研究论文各部分的目标和规模**

部分	目标	典型长度
标题页	提供基本认知信息。	1 页
摘要	概述研究，包括研究问题、理论方法和关键发现。	1/2 页
导言	介绍问题和以往研究，展示新研究对已有工作的贡献。	1—2 页
文献综述和理论	更详细地描述文献。评述能促进你的问题获得解答的理论过程。提出为回答你的研究问题而设计的理论假设。	5—7 页

续 表

部分	目标	典型长度
方法	描述研究对象，测量技术，收集和分析数据的方式方法。	2—4 页
结果	展示数据分析。如果你已经明确说明了自己的研究假设，请说明该假设被证实或证伪。	4—8 页
讨论和结论	将分析与研究问题联系起来。说明研究局限。提出未来研究建议。	2—3 页
参考文献	列出报告涉及的所有材料的完整出处。	根据需要
附录（可有可无）	展示其他重要材料，比如完整问卷，访谈指南；IRB 协议；变量的描述性信息列表（如果太长无法纳入结果部分）；支持结论但还没重要到需要列入正文的分析。	根据需要

虽然表中列出的大多数部分显然都有不同的工作要做，但研究写作新手往往会被重复的内容所迷惑：摘要向读者介绍你所依据的文献和理论，说明你的研究问题，总结你收集证据的方法和你的发现——所有这些都用 250 字或 300 字左右写完。然后，你的导言要用几页纸的篇幅，把上述大部分内容再写一遍（也许不包括结果）。然后，文献综述和理论对导言的部分内容再次进行 86
阐述。为什么会出现这些重复？

这与专家如何阅读研究报告有关。回想一下，在你自己的文献检索过程中，**你**是如何利用研究论文来提出你的研究问题的。还记得你是如何先浏览标题，然后再浏览摘要，以确定某篇论文是否与你的问题相关吗？你需要简短的基本信息来帮助你决定是否阅读该论文。如果事情看起来很有希望，你就会从头开始浏览全文。专业读者也会做类似的事情。

当专家决定阅读文章时，她（他）**如何**阅读取决于她（他）与论文的关系。如果这篇文章属于她的专业领域，她可能熟悉相关文献和理论——在这种情况下，她会从导言直接跳到方法……或者直接跳到结果。这些专业读者甚至可能不会按顺序阅读结果——通常会直接跳到表格和图表，以获得自己对证据的看法。另一方面，如果读者对这一研究方向不太熟悉，她可能会花时间阅读整个文献综述部分。所以，导言需要对论文进行概述，为不同读者提供论文论证的“路线图”。也因为同样的考虑，论文的摘要、导言和正文确实重复了一些材料——但详细程度不同，以适应不同读者的阅读习惯。

撰写导言

一旦确定了问题和文献，就没有理由不撰写导言初稿。你可能会想：“我甚至还不知道我的研究结果，我该如何介绍我的研究
87 呢？”这个问题很有道理，尤其是你的教授们可能要到后期才会
写导言。那么，为什么我们希望你现在就做呢？因为专家和新手的最佳工作方式确实不同。

社会学专家已经熟悉研究文献和下一步应该提出的重要问题。对他们而言，主要是找到时间和资金进行研究，并将其撰写成文发表。（请向你的教授询问他或她脑中正在酝酿的研究想法。教授们通常有很多好的研究想法，但却没有时间去实施。他们很希望你能从中撷取一个，并就此撰写一篇研究论文。我们称之为

“导师制”。）但是，查找文献、提出问题并找出能回答问题的证据是一门需要学习的学问。

作为研究新手，我们建议你尽快撰写导言初稿。毫无疑问，在论文最终完成之前，你还需要重写导言：你的问题可能会因为研究过程中的发现而改变，你可能会找到其他文献或纳入不同的理论视角等。但是，一开始就写下基本思路，意味着你将知道自己的方向；这也给了你一些东西，让你在研究初期能与教授分享，以确保你走在正确的道路上。因此，尽管专家们可能不会从导言开始，但我们认为你应该这样做。

当人们阅读文学作品时，他们会欣赏有趣甚至创新的开头。但是，那些阅读社会学研究报告或研究计划书的人更喜欢一种固定的开头方式——一种系统地介绍新项目的意图的方式，解释新研究如何建立在先前理论和研究的基础上，甚至可能是对先前理论和研究的挑战。如果我们从写作者**写作步骤**的角度来考虑，就能理解典型的导言是如何构成的。在撰写研究报告的导言时，通 88
常会用到以下四个步骤：

第一步：陈述你的研究主题 并说明其重要性。

第二步：概述已经完成的最重要、最相关的研究。描述推动该研究的理论。

第三步：结合第二步中讨论的研究，解释你的研究有哪些新颖之处（我们将此称为确定研究“空白”）。

第四步：说明你的研究如何有助于填补这一空白。

以下是发表在《美国社会学评论》(*American Sociological Review*）上的一篇简短研究报告的导言范例。请注意，每一步都用一个单词或短语（用加粗显示）提醒读者关注。

导　言

最近的种族分层研究表明黑人人口中 1 陈述研究主题
的经济异质性巨大且不断扩大，这持续受
到关注。黑人不再是一个整体，也不再被刻 2 总结以往研究
板对待。对黑人社区内部的阶级分化（Farley
1984)、黑人中产阶级的壮大（Landry 1987）
以及黑人“底层”的长期性问题（Wilson
1980, 1987）的**研究**充分证明了这一点。**然**
而，尽管有明显证据表明，不同城市的黑 3 描述空白
89 人社会经济地位存在着相当显著的差异，
其空间异质性**仍然更容易被忽视**（Farley
1988)。**目前的争论主要集中在**城市黑人地
位的变化上，而将非大都市黑人排除在外
（见 Wilson 1987；Farley 1988)。不幸的是，
今天的农村黑人在空间上比城市黑人更分
散，更不显眼，而且显然更容易被忽视。
本研究的主要目标是，考察在非大都市的 4 引入新研究
南方地区，与黑人工作相关的困境和种族
不平等模式。

高效导言的写作者认识到，社会学家更关注的是研究**进展**而非新颖性。与其让读者眼花缭乱地看到你的独创性，不如展示你的研究如何为相关的社会学问题、概念或理论带来新的启示。

在这个异常简短的例子中，我们列出了这些步骤的简单序列。但它们并不总是这样。其中的某个步骤可能只是隐含的，也可能不止一次出现，或者某几个步骤可能会重叠。短篇论文的导言更有可能以清晰的顺序列出这四个步骤。在篇幅较长的论文中，作者通常会使用这种变体：先简要介绍前三步骤或所有四个步骤，然后退一步，再详细介绍第二个步骤和第三步骤。这可以让读者快速了解你的研究成果。如果读者有兴趣，他们会花时间阅读你对先前研究的更详细论述，以及你的新工作是如何融入其中的。事实上，我们会提醒你要在文献综述 / 理论部分再次详细地描述这些相同的内容。这看似多余，但却能让论文对不同读者——已经熟悉理论和研究领域的读者以及不熟悉理论和研究领域的读者——更有用。之所以采用这种形式，也是因为科学家需 90
要扫描更多的研究论文，而没有时间全部仔细阅读。我们通常只阅读摘要或导言，然后直接跳到表格和图表。

处理资料不仅是撰写导言的重要部分，也是第一至三步骤的主要内容。以下是不同论文中的例子，展示了前三个步骤中通常如何使用资料。

第一步：宣布主题并解释其重要性

提供背景信息：

1997 年，政府资助占非营利部门收入的 37%，高于 1977 年的 31%（**Salamon 2002**）。

1980 年，女性的投票率赶上了男性，并在之后的每次选举中都超过了男性（**美国人口普查局 2006**）。

青少年自杀的诸多基本风险因素众所周知，其中最重要的是抑郁症[2,4—6]、亲友自杀或自杀未遂[7,8]、药物或酒精滥用[9]以及家中有枪[2,10,11]。

第二步：综述以往研究

概述以往研究：

91 同样，**民族志证据表明**，当慈善行为和志愿服务植根于一个社区的社会结构中时，它们就会很普遍。（**Eckstein 2001**）。

就当代美国政治融入理论的各种核心因素，如宗教认同（世俗和虔诚）、社会阶层（从专业人士到工人阶级）、原籍和代际地位等各方面而言，穆斯林内部差异也很大（**综述见 Leighley and Vedlitz 1999**）。

引用以往研究：

弗兰坎（Frumkin 2002）指出，“[虽]然志愿者仍然是推动非营利组织发展的重要动力，但大多数非营利组织都是利用专业人员来管理志愿者，而不是利用志愿者来管理组织”（**第 102 页**）。

克雷默和格罗斯曼（Kramer and Grossman 1987）在对旧金山几十家非营利组织的**研究中发现**，“如果供应商……能够动员社区支持，[政府]就很难不续签合同”（第 43 页）。

第三步：确定空白
参考多项研究，注意每项研究的不同局限性：

埃文斯、奥里恩斯和阿舍尔（Evans, Orians, and Ascher 1992）试图估算潜在捐赠者的数量，但没有对采购数据进行分析。**西米诺范德·纳尔逊（Siminoffand Nelson 1999）**对器官获取组织（OPO）的效率进行了研究，但仅限于特定的器官共享联合网络（UNOS）地区。**奥兹坎、贝根和麦金尼（Ozcan, Begun, and McKinney 1999）**的研究侧重于组织效率的衡量标准，但没有控制任何结构变量。

92 参考多项研究，处理所有研究的共同局限性：

> **然而，人们较少关注**在这些差异基础上存在的性别差异……这种不足在有关移民政治融入的研究中尤为明显，在这些研究中，绝大多数工作都侧重于男性的经历（Gerstle and Mollenkopf 2001; Portes and Rumbaut 2001）。

参考多项研究，展示相互矛盾：

> **然而，**关于宗教认同如何影响政治参与的**证据却是矛盾的**。**一些研究发现**，伊斯兰信仰阻碍了对美国政治的参与（Khan 2003）；**而另一些研究则发现**，对于阿拉伯穆斯林来说，宗教参与和政治参与呈正相关，但对于南亚穆斯林和非裔美国穆斯林来说，宗教参与和政治参与的相关性较低（Jamal 2005b）。缺乏关于宗教认同的高质量衡量标准是造成这些结果参差不齐的原因……

第四步：解释你的研究如何有助于填补空白

与第一至三步不同，第四步通常不使用引文。在下面的例子中，我们从第三步的结尾开始。请注意，第一人称代词标志着向第四步的转变（在科学写作中使用“我”或“我们”是可以接受的。关于如何使用以及何时使用的讨论，请参见第九章）。下面是第一个例子：

然而，这些研究往往未能解决以下关键问题：暗示如何、何时以及对谁重要？**在本研究中，我们**采用了《全国青少年健康纵向研究》的三轮数据来考察这些 93
问题。**通过使用**包含多种青少年生活测量指标的纵向数据，**我们研究了**自杀暗示在自杀过程中扮演的角色，而不受其他社会整合和心理健康测量指标的影响。我们通过揭示文献中的四个主要空白，**找出了**与社会整合中有危害一面相关的细微差别：(1）自杀暗示是否与榜样试图自杀时，本来没有自杀念头的人产生自杀念头相关；(2）自杀暗示的影响是否会随着时间的推移而减弱；(3）自杀暗示是否……

这里还有一个例子：

然而，这些研究通常利用的是小规模、无代表性的样本，**并特别关注**那些在改名决定中挣扎的人的叙述，或关注改名者和留名者的认知。**此外，大多数研究都没有探讨**美国人对这一悠久传统的普遍态度。

本研究中，我们将采取如下做法：将美国人对改名的看法，**作为**更广泛意义上性别态度的一个可能指标。**我们认为，有必要重新审视我们的**性别态度评估**方法，**因为女性在工作场所的存在——长期以来一直是性别观念调查研究的主要课题——已经变得司空见惯，甚至是众望所归。**我们将**婚姻更名**作为了解**当代性别态度的一

个潜在途径，主要用来说明……

94 第三步和第四步的一个常见变体是，通过就一个社会学问题提出两种或两种以上相互竞争的观点来建立研究空白（第三步），然后（第四步）说明你的目的是通过新的研究来检验相互竞争的观点：

> 竞技体育在青少年文化中的突出地位引发了关于青少年体育社会作用的持续论战。**一方面，支持者长期以来一直认为**校内竞技体育对青少年的发展有积极影响……
>
> **然而，持批判态度的学者则抨击**青少年体育的**传统观点不全面而且存在问题**……**他们认为**，竞技体育的当下状态不是培养有社会能力的青年男女，**而是**将青少年置于被仇视同性恋、性别歧视、种族主义和残酷竞争毁坏的的价值体系中……**一些研究人员拒绝接受**体育运动有助于遏制反社会行为的观点，**他们断言**，许多接触性体育运动所特有的超男性文化教导人们将暴力作为维护男性身份价值的一种可接受的手段……
>
> **回答这个问题对**校园体育计划**具有重要意义，但令人惊讶的是，很少有研究涉及**青少年体育与暴力之间的关系。**此外，已经开展的研究普遍存在方法上的局限性**……
>
> **在本文中，我**通过基于各理论的假设和先进的定量方法，**超越了以往的研究**。**我依据三种不同的理论**

传统——社会控制理论、社会学习理论和男性气质理论——为体育运动与暴力之间的关系**提出了一个竞争性假设**。**然后，我**利用来自……的数据，对足球、篮球、棒球、摔跤和网球这五项截然不同的运动**进行了检验**。 95

无论你使用这些步骤中的哪一种变体，你都希望能很快进入第四步。请记住，你的导言只是对你作品的介绍。在这个阶段，不要冲动地告诉读者太多。导言应该读起来更像路线图，而不是游记。

导言部分写作的检查单

你的导言是否……

✓ 清楚地介绍了主题？导言应首先简要而清晰地介绍主题，以便不熟悉主题的读者能够了解本研究的总体领域。

✓ 明确地概述了以往研究？导言应对以往研究进行快速但连贯、有用的概述。（将其视为下一节文献综述的大纲，只讨论确定研究“空白”所需的关键资料。）

✓ 明确地确定了研究空白？导言应清楚地确定本研究要帮助填补的知识空白。

✓ 明确地解释了本研究如何有助于填补空白？导言应说明你收集到的各类证据，并解释这些证据如何有助于填补空白。（换句话说，我们从你的研究中知道了哪些以前不知道的东西。）

✓ 明确地指出了每一研究阶段的具体做法？只有当读者能分辨出你的具体举措时，这些措施才有效！

96

文献综述

与自然科学家不同，社会学家使用的方法和理论异常广泛。因此，即使读者是专家，他们也不能假定读者会熟悉先前的研究，或了解他们将使用的关键概念和术语。因此，在开始讨论他们的研究之前，他们往往需要解释相关的理论、概念和术语，并讨论这些理论、概念和术语如何与他们的研究相关。在篇幅较短的论文中，这些背景信息可能会被纳入导言——通常在第二步、第三步和 / 或第四步。长篇论文通常在导言和方法之间有单独的文献综述和理论（或各占一部分）。这两部分通常比导言更长，而且常被划分为带有单独标题的小节。

理论和文献综述的目的是将你的研究项目置于社会学理论和以往研究的范围内。你需要确定对论文读者最重要的文献，包括理论文献和实证文献，然后，你将以下列方式介绍该文献体系：（1）解释 / 定义关键概念和术语；（2）总结这些文献中包含的相关（与你的研究相关的）知识；（3）说明参考文献在哪些方面存在共识，在哪些方面存在根本分歧，或指出标志着知识空白的被忽略因素。

文献综述提示

- 不要假定你的读者熟悉你提到的研究报告或理论。考虑一下你需要定义或解释哪些术语。
- 不要按日期或按你发现它们的顺序来组织参考文献（那就更糟糕了）。请根据你的研究内容来组织参考文献。

有些论文将文献中的理论文章和实证（证据支持的）文章合 97
并综述。也有的论文则将它们分成两个独立的部分综述。你的决定（如果你的教授没有给你规定格式）取决于你提出的研究问题的类型以及与之相关的文献。我们来解释一下。

有时，与某一问题相关的全部文献都围绕着一个单一的理论，该理论定义了概念并指导着所研究的问题。在这种情况下，更有意义的做法是先描述该理论，定义其概念，然后再讨论导向你所提出之具体问题的实证研究。还有一些时候，会有一组研究描述一种模式（比如谁和谁结婚），而这种模式可以通过特定理论（比如交换理论）的视角来理解。在这种情况下，你可能想先描述实证论文，然后介绍你认为最能解释这些论文的理论。或者，可能有两个不同的理论流派都在谈论同一个问题。（这种理论竞争比你想象的要罕见得多，通常情况下，一种理论会定义什么是重要的研究内容，而两种**不同**理论对事物的定义完全相同的情况并不多见。）在这种情况下，在进行你自己的研究之前，你可以综述这两种不同的理论 / 研究文献，这会帮助你在特定情境下对这两种理论 / 研究文献做出选择。以下是决定先讨论理论参考文献还是先讨论实证参考文献的基准点：从定义了你研究问题的领域开始。

哪些内容放在导言中，哪些内容放在文献综述中，常常会造成困惑。可以把导言看作是文献综述和理论的大纲，而文献综
98 述 / 理论则是导言的充实版。但是，即使是“充实”版，你仍然需要有所选择。你不能像我们在第二章中讨论的书评或研究述评作业那样广泛地讨论每一个资料来源，只需关注读者需要了解的资料以进一步论证你的论点即可。试着找人（甚至你的电脑也可以）给你读出你的文献综述和理论。它应该是一听就懂的——讲述我们已经知道的研究、解释空白在哪里，以及我们可以依据哪些材料弥补这些空白。

以下是你在文献综述 / 理论部分可能采取做法的示例：

应用理论或模型

老龄化—平等机制 **[假]说认为**，老龄化对优势人群和劣势人群都会产生负面影响，而那些在生命早期拥有优势的人在晚年会失去最多（Dowd and Bengtson 1978）。这一假设预示着 ......

鉴于越来越多的研究将宗教群体认同与非裔美国人等其他少数群体的政治参与联系起来，群体认同**模式与**美国穆斯林**尤其相关**（Harris 1994, 1999; Patillo-McCoy 1998）。

总结关键术语的定义

在本研究中，**我们借鉴了斯特赖克（Stryker 1991）的认同理论**对显著性所下的定义。**根据这一理论**的概念化，显著性**是指**个人在各种情况下按照某种期望行事的可能性。

引用关键术语的定义 99

在日常用语中，利他行为是指出于对他人而不是对自己的关心或考虑启动的行为。**西蒙斯（Simmons 1991）给出了一个有用的定义**：“虽然学者们的定义不尽相同，但大多数人都认为利他主义（1）是为了增加他人的福利，而不是自己的福利；（2）是自愿的；（3）是有意的，是为了帮助他人；（4）不期望外部回报”（第3页）。**根据索伯和威尔逊（Sober and Wilson 1998）的观点**，“利他主义假说认为，人们有时会把关心他人的福利本身作为目的。利他主义者具有不可化约的他人取向的目的”（第228页）。

提示：谨防按顺序介绍资料来源！

在撰写文献综述时，学生们常犯的一个错误就是按顺序讨论资料来源。这相当于“资料来源1是这样，资料来源2是这样，……”。这样写出来的文章读起来就像一系列沉闷的高中生风格的读书报告。新手有时会默认这样做（这似乎足够合乎逻辑），有时则是出于对知名研究者的敬畏（我有什么资格对专家顶嘴？）然而，有经验的学术写作者在组织文献综述时，会将他们的资料来源放入对话中。

如果你为每一个资料来源都写了一个单独的段落，就说明你的方法不对。相反，你的大部分段落都应该以**你**想表达的观点开头——关于某个问题的陈述，一个提问，或者一个观点。然后再讨
100 论与该观点相关的资料来源。这才是读者需要的综合。对于篇幅较长的论文，有些作者会使用标题和小标题来标示主题，然后将相关资料集中在标题下。

此外，你可能需要在文献综述部分不止一次地引用某些资料来源，因为重要的资料来源往往与你要讨论的、与研究问题相关的不止一个议题有关。

虽然你很可能希望避免按顺序讨论资料来源，但也有例外情况：有时，非常连贯的理论文献会从每个证据系统地引出下一个问题。在这种情况下，你的文献综述将接近于顺序性。但这只是因为文献的发展是由理论驱动的，而且相互之间联系紧密。

撰写假设

文献综述 / 理论通常以一系列假设结尾。这种情况在定量论文中比在定性论文中更常见，因为定性工作更有可能探索一个未被充分研究的群体或通过归纳发展理论。如果你确实在这一部分的末尾提出了假设（或者在每个小节的末尾提出了一个假设，这些小节发展了之前的观点），那么有一些事情需要注意。

- 确保给每个假设编号。

这样你在撰写结果时就可以很容易地回溯到这些假设。

- 确保每个假设只与**一种**发现模式有关。

你希望每个假设的答案都“证实”或“证伪”。在一个假设 101
中包含多个预测可能会导致你的答案“嗯，是又不是”——这会造成混淆。例如，一个好的假设可以是：

假设 1：生孩子会增加父母产后肥胖的概率。

相比之下，下面这个复杂的假设如果分成三个独立的预测会更好：

不是这样：

结婚生子会增加父母肥胖的概率。

而是这样：

假设 1：结婚会增加父母肥胖的概率。

假设 2：生第一个孩子会增加父母肥胖的概率。

假设 3：每多生一个孩子都会增加父母肥胖的概率。

请注意，即使是这些假设也有点复杂，因为结婚和生育对男性和女性的影响可能不同。至少在此处，你可以把你的结果描述为支持男性的假设 1，但不支持女性的假设 1，以此类推。但是，如果你有理由**预测**男性和女性会有不同的模式，你就需要在假设中明确说明这一点。所有这些扩展意味着你最终可能会提出很多
102 假设。这没有关系，因为这能让你的预测更清晰，撰写研究结果也更容易。

有时，你要用来测量概念的具体变量要到方法部分才会出现。在这种情况下，你可以首先在文献综述和理论部分的理论假设小节中描述这些变量；然后在方法部分的假设小节中详细阐述这些变量——在此之前，你可以在数据中介绍对这些概念的测量方法。例如：

> 理论假设 1：组织规模与组织分化呈正相关。
>
> **可能变成：**
>
> 假设 1：成员人数与校园组织的委员会数量呈正相关。

文献综述 / 理论部分写作检查单

- ✓ **你是否从建立理论框架开始？**有效的文献综述 / 理论部分通常从建立研究的理论基础开始。本研究赖以发展的主要理论著作是什么？你的研究问题与该理论有什么联系？
- ✓ **资料来源的选择是否恰当？**有效的文献综述 / 理论部分会对精心挑选的最相关的以往研究进行综述，其中仅限于有

助于读者理解你研究的参考文献。

✓ **该部分是否条理清晰？** 文献综述 / 理论部分应确定文献中对你的研究非常重要的少量关键问题；讨论应围绕这些问题展开。大多数段落应以陈述（或继续讨论）其中一个问 103
题的语句开头，然后讨论与该问题相关的每个资料来源。

✓ **该部分是否有一个有效的结论？** 读者希望你帮助他们理解这些文献对他们即将阅读的研究的意义。因此，在这一部分的结尾，要明确提出你的研究要解决的一系列问题。在这之后，你可以提出你希望从自己的研究中发现什么的假设。请记住，这些假设应来自以往的研究或你正在使用的理论；它们不是凭空想象出来的预感。如果你做出了一些假设，请重新审视他们，确保它们不是双重组织的，它们应该只能给出“是”或“否”的二元答案。

撰写方法

研究报告中的方法有两个目的——一个是实用目的，一个是修辞目的。实用目的是清楚地解释你所做的工作，以便读者可以复制你的研究来验证你的发现——如果他们愿意的话。在现实中，很少有研究能以这种方式进行复制，因此第二个目的更为重要：论证你的研究方式，让读者（尤其是你的教授）判断你的研究方式适合你的研究问题，并足以支持你对研究结果提出的观点。

我们建议你在完成导言初稿后，立即撰写方法的至少一部分内容。如果你将导言的初稿视为给自己和教授的备忘录，说明你的研究目的以及如何与现有文献联系起来，那么方法的初稿将是解释你计划如何获取证据的备忘录。

104 与导言一样，你需要在最终的方法中包含一些内容，这些内容现在你还不知道，比如你有时间进行多少个访谈，或者你最终将使用哪些变量。但是，如果你将**可以**预先做出的决定写在纸上（比如数据库和核心变量的描述，或者你在深度访谈中要提出的问题，以及如何找到要访谈的人），这会督促你自己具体考虑如何开展自己的研究。做出这些决定似乎很可怕，但拖延只会延误进程，让你日后更加匆忙。你的最佳选择是从粗略的“草图”——你计划使用的总体方法的概述——开始，并就此获得反馈。然后利用这些反馈意见修改你的计划，写出更完整的方法初稿。

由于社会学包含多种方法论，每种方法论都有自己的预期和规范，因此我们只能提供撰写方法的一般提示，而不能提供详细的指导。对于后者，我们建议你查找已发表的研究范例，找到使用与自己工作类似方法的研究报告，并以此为写作范本。不用担心主题，只需要研究过程相似即可。如果你能找到一个合适的范例，它将方法划分为带标题的小节，那么这将为你提供最清晰的指导，让你知道方法可以包括哪些内容。下面是一些提示和示例。

描述数据库

如果你使用了他人收集的数据：

- 给出数据库的正式名称。

- 引用信息标注充分，以便其他人能够找到数据源。
- 简短描述样本和数据收集过程——足以让读者对数据有一个感性认识，如果他们想了解更多信息，他们会去查阅你引用的资料来源。

许多数据库，尤其是像 ICPSR（政治与社会研究校际联盟）这样的大型数据库，都会告诉你如何引用。对于其他数据库，你可以找到使用该数据库的第一份出版物，它通常会详细描述该数据库。这是一个很好的引用来源。注释出你的下载地址也很有用。例如，下面是前面讨论的社交媒体对饮酒影响研究的数据库描述：

数据来源于“**社会网络研究**”（Social Network Study），这是一项针对高中青少年的纵向研究，旨在回答有关数据收集实践的方法和理论问题，以及不同同伴关系对危险结果的影响[34]。样本由埃尔蒙特联合高中区五所综合高中的十年级学生组成。（这五所高中组成了整个学区。这些学校均不属于特许学校或磁铁学校）。	**数据库名称** 是什么 引文 描述

描述你自己收集的数据

如果你是自己收集的数据，请解释你是如何为研究选择参与者的，以及你从他们那里收集了哪类数据。如果你研究的不是人

（组织、国家或广告），请解释你是如何确定一个单位是否符合你
106 的研究条件，以及你是对整个群体进行研究还是从中抽取样本。如果你进行了编码或变量开发，也请解释一下。下面是一个学生做定性研究的例子，展示了一些典型的步骤。

访　谈

使用小标题

本研究通过对新英格兰一所精英私立大学的 31 名大三学生和大四学生进行深入的半结构式访谈得出结论。在四个半月的时间里，我与大三学生和大四学生进行了 5 次试访谈和 31 次正式访谈。

简要说明：研究对象和研究方式？

由于该大学没有随机研究库或可获得的名单，我通过滚雪球抽样的方式招募参与者。为了采访到校园生活各种背景的受访者，我并没有一开始就直接采访我认识的任何人。我通过电子邮件与潜在受访者取得了初步联系。我没有为受访者的参与提供任何补偿。总的来说，我的回应率约为 60%。

如何招募参与者？

参与的条件？

回应率

从 2012 年 11 月 10 日到 2013 年 2 月 22 日，我亲自在私人办公室和书房进行了所有访谈。在征得受访者同意后，我对所有访谈进行了数字录音和逐字转录。访谈时间最短为 1 小时，最长为 2 小时 45 分钟，平均约

数据收集地点

为 110 分钟。

每次访谈开始时，我都会告知受访者访谈的一般主题是“爱”，并提出第一个任务，即对“爱”进行简单的词语联想。一般问题包括“你有过恋爱经历吗？”“你如何表达爱？”；探究问题包括“当你说‘我爱你’时，那是什么意思？”“你认为随着年龄的增长，你的爱情关系会有什么不同？”。

你提出了哪些问题？收集了哪些信息？

分　析

我采用扎根理论方法，使用 Atlas.ti 7.1 对访谈内容进行了转录和编码，并根据需要对访谈指南中的问题进行了改进和补充，最终确定了 17 个核心问题。我通过实质性编码和选择性编码推导代码，对每份记录稿进行多次阅读，并撰写备忘录，以得出一般性主题并缩小关注范围。在对所有 31 个访谈进行录音、转录和编码后，我开始撰写最终分析报告。

你是如何处理和分析数据的？

107

尽管定量研究在设计上有很大不同，但描述方法的许多步骤是相似的。以下是一篇实际发表的学生论文的节选，选取了每个小节的开头：

参与者和环境

我使用亚马逊 Mechanical Turk（MTurk）进行了本研究，这是一个众包网站，越来越多的社会科学家将其作为招募参与者的场所。该网站允许研究人员……

叙述研究描述和实验条件

本叙述研究的故事主人公埃里克，是一名 28 岁的纺织厂工人，面临失业。他被描述为……

实验过程

参与者被告知，他们将有 10 分钟的时间把故事读
108 两遍，并在实验的稍后阶段，他们要把故事转写给下一位参与者阅读。实验提示他们想象……10 分钟一过，参与者就会被转移到一个干扰项上……

关键结果变量和叙述编码过程

本研究的主要结果变量是参与者再现的叙述中，保持、增加和传播（# 保持 + # 增加）的总语句数、符合刻板印象的语句数和不符合刻板印象的语句数。为了测量这些变化，每位参与者再现叙述中的每个语句都被编码为五个类别之一——保持、丢失……

编码工作分两个阶段进行。第一阶段，对每位参与者的叙述进行编码……

分析策略

数据采用多层次泊松模型进行分析，该模型包含……

当然，有些研究并不直接研究人。下面是一个研究实例，通过对推文进行编码来研究“占领华尔街”。请再次注意，小标题清楚地表明了作者对每部分的研究目的。

案例选择

为了实证性地探讨推特（Twitter）对社会和政治行动的影响，我们选择了 2011 年和 2012 年动员起来的三个备受关注的运动：

西班牙的 *indignados*（愤怒者运动，又称“15M 运动”）、希腊的 *aganaktismenoi*（希腊愤怒者）和美国的 OWS（占领华尔街）。之所以选择这三个运动，是因为它们直接受到“阿拉伯之春”动员的“真正民主”目标的影响，并认同这一目标；同时也因为它们彼此直接对话和团结互助。（作者接着进一步讨论了为什么这些运动特别适合推特研究。） 109

数据收集与抽样

为了评估这三场运动是否以相似的方式使用推特，我们使用社交媒体爬虫和文本分析工具 Discovertext 收集了推文，收集时间为每个国家抗议活动高峰期的两周（2011 年 6 月 5 日至 19 日，西班牙和希腊；2011 年 10 月

2日至16日，美国抗议活动）。本文所展示的结果基于对每个运动中随机抽取的2000条推文进行的内容分析（#15M运动一共80,074条推文，#希腊愤怒者一共19,784条推文，#占领华尔街一共342,479条推文）。

定义类别

抽取样本后，两位作者首先分别浏览了希腊和西班牙数据集中的60条推文内容（各30条），目的是列出揭示推特如何被用于政治行动的不同类别。在对结果进行讨论后，这一过程被重复了三次，每个国家的数据集共浏览了90条推文。

110 编码和编码者信度测试

在每个类别的编码者信度达到可接受的水平后，招募了三名研究助理（西班牙语、希腊语和英语）进行编码，并将三组推文载入定制软件（见补充材料）。（作者接着介绍了软件和信度测试。）

分析方法

我们采用了经典的社会网络分析方法，如内向程度中心性和外向程度中心性，以确定某些参与者在网络中的位置和影响力。我们分析了从推特自动获取的信息，如推文是否包含链接、是原创还是转发、是否指向特定用户等。

方法部分写作检查单

- ✓ **该部分是否只包含方法材料？**比如，该部分不应包括结果或对结果解释等内容。
- ✓ **是否包含足够但不过多的细节？**尽管你不可能包含研究的每一个可能的细节，但你应该包含足够的细节，以便读者能够清楚地了解你所做的工作。如果他们想验证你的结果，他们应该有足够的信息对你的研究进行合理的复制。
- ✓ **该部分是否条理清晰？**方法部分应按照项目子领域写作的惯例，分小节介绍方法的主要方面。深入访谈研究与二手调查数据分析的标题不同。每部分的材料应按逻辑顺序排列。

撰写研究计划书 111

由于研究需要资金，社会学教授通常会撰写研究计划书，以说服资助机构支持他们想做的研究。研究生有时也会撰写研究计划书，以获取对他们毕业论文或学位论文工作的支持，或暑期研究资助。有些学校也有类似的本科生研究计划。如果你对本科生研究项目获得资助感兴趣，可以尝试在学校网站上搜索“本科生研究”，或者直接联系教务主任。

当教授希望学生获得思考和撰写研究报告的经验，但又知道学生没有时间或专业知识来完成一个完整的研究项目时，他们通常会布置研究计划书作为课程作业。这些计划书可以让学生练习查找文献，根据文献中的空白提出研究问题，以及设计数据收集策略和分析计划来回答研究问题。

研究计划书（有时也称为“资助申请书”，如果实际上提交就是为了申请经费，则直接称为“项目”）与研究报告有许多相同的部分和特点。如果把研究计划书看作是一份没有结果部分和讨论部分的研究报告，那就非常接近了。（虽然你的计划书不太可能被要求包含这两个部分，但计划书有时会要求包含与研究报告中的讨论部分类似的内容，即“预期结果”，以解释你期望发现什么以及这意味着什么。）计划书与报告的最大区别在于，计划书描述的是你**建议开展**的研究，而不是你已经开展的研究。计划书的核心是论证某个研究问题值得研究，而且你有好的方法来研究它。实际上，一份专业的计划书可能比一份报告**更**详细地说
112 明研究的重要性和方法，因为这些内容能最清楚地表明你的项目是否值得进行，从而是否值得资助。就像所有与研究相关的内容一样，一个好的社会学研究问题至关重要。

什么是好的研究计划书

撰写一份有效的计划书需要了解你的读者。对于典型的社会科学研究计划书而言，读者的定义比许多类型的写作都要严格。除非另有说明，否则请假定你的读者：

- 对社会学领域有一般性了解
- 不是你的研究子领域的专家

- 事先不了解你的研究主题

一份成功的计划书会让这些读者相信，你的研究将有助于填补意义深远的知识空白，而且你采用的研究方法是适当而实用的。要具体说明你打算做什么。最好的计划书要足够清晰，别人可以在没有你指导的情况下成功开展你的研究项目。这意味着要包括具体内容，如实际测量方法、调查问题或访谈指南。

包含哪些细节

研究计划书中包含多少细节，在很大程度上取决于任务（或者，在现实世界中，取决于潜在资助机构的指示）。你所在学校的暑期研究计划书可能只有几页纸。而完整的计划书可能和完整的研究报告一样长：10 页或 20 页。结果部分和讨论部分所占的篇幅将用于更详细地介绍研究方法、数据、分析计划以及对研究意义的解释。如果你要撰写的是一份真正的资助申请书，而不仅 113
仅是一份课堂作业，那么还应该包括这些项目：

- 完成项目不同任务的时间安排，让评审人员清楚地了解你知道将采取哪些步骤，并能在合理的时间内完成
- 预算

想获得资助？遵守规则！

如果你撰写资助申请书的目的是希望真正为研究项目申请资金，那么请将基金报告指南视为福音。页数或字数限制、主要章节、应包含的内容等要求并不只是建议。评审人员收到的可行性申请书通常比他们有资金支持的申请要多得多，他们会利用任何借口将某项申请放在“拒绝”堆里，然后集中精力处理其他申请。因此，要确保细节准确！在提交申请之前，请仔细阅读申请征集书（CFP），并在你的申请书副本中突出显示申请征集书要求的每个组成部分，以确保你没有遗漏任何内容。然后，在起草和修改申请书时再经常阅读一下这些要求。

获得 IRB 批准

如果你正在进行一项真正的研究项目，并计划将研究结果公之于众，你可能需要获得学校伦理审查委员会（IRB）的批准。IRB 批准是你所在机构用来保护任何研究中的人类参与者的程序。该流程复杂而重要，而且因院校而异。我们只能在此为你提供一
114 些基本知识。IRB 办公室的工作人员可以帮助你确定是否需要批准；如果需要，如何获得批准。请不要犹豫，向他们寻求帮助。

基本上，如果你正在进行的研究涉及收集任何类型的人类或动物受试者数据，你就需要获得 IRB 批准。**研究**在 IRB 中有特定的含义：它意味着你试图为科学文献做出贡献，并可能在专业会议上展示或公开发表你的研究成果。出于教育目的而在课堂上

布置的虚拟研究项目通常不需要获得 IRB 批准，尽管你的教授可能希望你能经历相关流程，以加深了解。要获得批准以学生身份进行研究，你的教授或学校的其他员工必须监督你的工作并签署 IRB 协议。因为学校要证明你的研究将按照既定的道德标准进行，所以他们希望由其系统内经验丰富的专业人员承担最终责任。

IRB 协议有非常具体的条款；你的学校会在网站上明确说明需要哪些内容。你会被要求提供说明，解释你将如何选择参与者、如何与参与者互动、从参与者那里收集哪些信息以及如何处理这些信息。你需要简短解释项目的科学背景（与研究报告导言中的内容大致相同，但技术性语言要少一些），这样 IRB 工作人员就可以在受试者面临的任何潜在风险与研究的科学价值之间进行权衡。不过，IRB 协议的大部分内容都集中在方法上。此处，你需要比实际研究报告更加具体。通过 IRB 程序是非常有价值的，不仅因为它可以保护参与者免受可能的伤害，还可以让你就研究对象确认、如何找到他们以及要做什么等问题做出非常艰难 115
的决定。

获得 IRB 批准需要时间，通常需要一个月或更久。因此，在项目一开始，就应了解你的项目是否需要获得 IRB 批准。如果需要，在你申请程序获得批准之前，你不能收集任何数据。一旦获得批准，你就必须严格按照自己的计划行事。如果你改变了项目的任何内容（包括一些看似微小的事情，比如你进行了多少次访谈，以及你给潜在参与者的信息是如何措辞的），你都需要就 IRB 协议提交一份“修正案”，并由你的教授签字。幸运的是，修正案的审核时间通常要短得多。这一过程看似烦琐，但你的教授每次从人类参与者那里收集新的学术证据时都要经历这一过程。通过阅读一些骇人听闻的故事，了解到过去有人以科学的名义对他人所做的一切，你会明白保护人类受试者是值得付出额外努力的举措。

正如你可能已经猜到的那样，使用数据库而不是自己收集数据，通常可以完全避免 IRB 程序——这也是选择数据库的另一个好处。收集这些数据并将其公开的人已经通过了 IRB 程序，确保他们的参与者得到了适当的保护。不过，请务必确认一下；有些学校希望你填写一份简单的表格以便他们检查，确认数据库事实上确属合法，并遵循了适当的协议。

第六章

原创研究写作：在数据获得“后”

WRITING ABOUT YOUR ORIGINAL RESEARCH: *AFTER* YOU HAVE DATA

116 如果你已经按照我们的建议写好了导言部分和方法部分的初稿，那么请给自己留出10分钟时间。静静地坐下来放松一下，做做瑜伽，或者在YouTube上看看猫咪弹钢琴的视频。这是你应得的。

好了，时间到了。现在你已经收集了证据，是时候开始撰写结果部分和讨论部分了。写完这些部分后，你需要修改导言部分和方法部分，以确保它们与你的实际工作相符，并为读者提供结论。

撰写结果

科学家经常使用“写出结果”这一说法。对于新手来说，这会在两个方面产生误导：首先，它让人觉得专家们好像是直接从收集数据写到结果部分的完成版。但在研究报告中，**写作过程**也许比其他任何地方都更**需要思考**。当你写下你的发现时，你才开始看到数据中的模式。其次，撰写结果不仅仅是写文章。如果你
117 做过任何定量工作，写作的主要部分就是构建表格、曲线图和图表，让你——最终是你的读者——看到重要的模式。如果你收集

的是定性数据，同样地，你也可以对这些数据进行可视化表达。

可以看出，你最终呈现结果的方式将取决于你收集的数据种类。如果你使用的是定量方法，你需要掌握统计分析和设计表格、图表和曲线图的技能。如果你使用的是访谈或民族志等定性方法，你需要学习如何使用引文写作和进行“深描”。

每种证据都有自己的惯例和要求。例如，定量研究人员通常在结果部分开头用表格给出每个主要变量的基本描述性统计数据：均值 / 众数 / 中位数、回应范围、方差等。显然，以上惯例不适用于定性研究。要想有效地传达你的研究结果，你需要学习其中的一些惯例。找几个好的范例来指导你。

> “定性研究人员常犯的一个错误是，他们认为有必要在写作中包含每一个相关的研究数据。这可能会导致研究写作中出现‘冰激凌甜筒’式的写作，引文和描述毫无目的地堆砌在一起……通常情况下，只要能生动地抓住作者想要表达的观点，较少的数据也能产生更大的效果或说服力。”
>
> ——雷·巴克，《带你的读者去那里：一些定性研究写作笔记》
>
> （Les Back, “Take Your Reader There: Some Notes on Writing Qualitative Research”）

但是，展示结果的最重要原则或许适用于所有类型的数据：不要指望数据自己会说话！无论是表格、图表还是引文，新手最常见的失误就是认为只要**展示**了结果，就不需要**讲述**。事实上， 118

专业人士也会失误：我们曾审阅过一篇要发表的论文，其中有六幅图，每幅图有三个板块。对这 18 份视觉资料的描述只有短短三段。即使是专家审稿人也搞不清楚这些图应该让人看到什么。因此，我们将解释如何完成这两个部分的任务：选择要展示哪些数据，以及如何描述这些数据，以让读者明白什么是重要的内容。

结果部分的结构

一些已出版的社会学研究报告的结果部分可能长达 10 页或更多。鉴于课程研究项目的可用时间（以及数据）有限，你可能只需撰写几页的结果部分。但是，不要被篇幅吓倒；结果部分的大部分内容都是由许多较小的单元组成的，每个单元都围绕着一个**发现进行陈述**，写作者在说明中解释或表明特定研究结果的意义。① 虽然社会学研究中有许多不同类型的此类陈述，但以下是四个常见类别，让我们分别举例说明：

比较：显示样本中两个或两个以上子集的某些测量数据是否存在差异。

119 父母离婚会使子女的婚姻以失败告终的概率增加约一倍。父母婚姻虽不幸但仍保持婚姻关系，其子女离婚的风险并没有增加。

① 本论述借鉴自 Brett, Paul. “The Results Section in Sociology Articles.” *Englishfor Specific Purposes* 13(1): 47–59, 1994。——原注

与时间相关的变化：显示数据在一段时间内是否发生变化。

> 在不考虑协变量的情况下，无限制生长曲线模型的结果表明，在纳入分析的3617人中，平均体重会随着时间的推移而增加（b = 0.061; $p < 0.001$）。

关联：显示一个变量的变化是否与另一个变量的变化相关。

> 表2比较了为人父母者和无子女者：这些结果表明，除去对照组，为人父母者和无子女者在研究开始时的体重水平相似（潜截距，表示基线体重），但与无子女者相比，在15年的研究期间，为人父母者的体重增加更快（潜斜率，表示体重随时间的变化率）（b = 0.046, $p < 0.01$）。

第四种类型我们可以称之为“同上陈述”。这是一种快捷方式，说明你刚才所说的关于其他变量、组别等的内容也适用于这些变量、组别等：

> 表3的结果表明，除去对照组后，任何养育转变对不同时间点之间的体重变化都没有明显的主效应。[此处是同上陈述：]我们还评估了养育转变与性别之间可能存在的交互作用。在54个交互项中，只有4个达到了统计学意义上的显著性，并且没有得出一致的结果模式。 120

现在你对这些研究结果陈述的目的有了一定的了解，让我们来看看它们通常是如何构成的。一个研究结果段落（或一组段落）的开头通常会有一个**指示器式**说明，指出要讨论的数据。这可能是指图形或表格、数学模型的引用，或者仅仅是指要考虑的变量。

示例	说明
表 4 显示了使用最近邻匹配法估算出的传教旅行对匹配组的治疗效果……**分析表明**，在与宗教信仰和宗教实践有关的各种结果中，传教旅行的效果在统计上是显著的……	单元指示器 单元介绍：指定两个子单元：（a）信仰和（b）实践
与宣称信仰上帝相比，参加过传教旅行的人表示不确定自己是否信仰上帝的**可能性要小得多**。参加传教旅行还**降低了**把上帝视为非人力量的**可能性**，增加了亲近上帝的感觉。参加过传教旅行的青少年**更有可能**同意改变他人信仰是可以的；然而，与没有参加过传教旅行的青少年相比，参加过传教旅行的青少年对宗教的怀疑**既没有增加也没有减少**……	调查发现陈述：（a）
参加传教旅行也会在宗教实践的几个不同方面**增加**宗教虔诚。传教旅行**预计会增加** 121 参与宗教仪式、私人读经和祷告的出席率，**以及更有可能**向不同信仰的人实际传教。	调查发现陈述：（b）

总之，传教旅行强化了参与其中的青少年的传统和正统宗教信仰，但却无法缓冲他们对宗教的怀疑。在本文研究的所有维度上，传教旅行也增加了宗教实践。

单元总结陈述

文字即数据：概括、转述和引用

定性方法提供了与定量方法不同的社会学视角。定性研究结果使我们能够更好地了解某些群体如何看待他们生活的特定方面。定量研究人员描述变量之间的关系或检验理论观点，而定性研究人员往往试图发展新的概念或理论认识，以用于未来的研究。如果你正在收集定性数据，你可以将重点放在研究参与者的经历或他们用来描述自己或他人经历的语言上。无论你的研究涉及调查、访谈、观察还是谈话，你的大部分数据都将是文字数据。

> “定性方法所表达的假设是……存在由社会定义的多重现实。丰富的描述可以表明研究者沉浸在当时的环境中，并为读者提供足够的细节来‘理解’当时的情况，从而具有说服力。”
>
> ——威廉·费尔斯通，
>
> 《方法中的意义：定量研究与定性研究的修辞》
>
> （William Firestone, *Meaning in Method*: *The Rhetoric of Quantitative and Qualitative Research*）

122 三种常见方式可以用来与读者分享具体的文字数据：概括、描述和引用。当你回顾所收集的数据时，你发现了哪些**模式**？这些模式就是你要概括的研究发现。通常情况下，当你概括一个研究发现时，你会想用一个或多个描述或引语作为例子，向读者准确地展示你的所指。这些例子与其说是充分的证据，不如说是帮助读者更好地理解你所讨论的情况或经历的一种手段。下面再次介绍这三种方式：

- **概括**：陈述数据中的趋势或发现。
- **描述**：从数据中举例说明你的发现，或提供特定案例（个人），帮助读者更好地想象你所研究的人和地方。
- **引用**：向读者展示你的研究对象**本身**就你所讨论的趋势所表达的想法。

在下面的例子中，作者首先总结性地陈述了一个总体发现。接着描述了一个具体的例子，然后是一个结合了描述和引用的案例。

123 **研究中的[母]亲常常**忽视自己的身心健康需要，以满足子女和其他家庭成员的经济和医疗保健需求	陈述发现
……**例如，一些母亲**拒绝服用治疗高血压的处方药，因为她们担心这会让她们无法“保持足够的清醒”来照顾年幼的孩子。**比如，瑞娜（Rena）**	描述从数据中观察到的支持该发现的**具体**趋势

> 每晚只睡 5 个小时，她太忙了，也太担心药物的影响，所以没有听从医嘱。
>
> 她是一位 25 岁的单身母亲，有三个分别为 1 岁、5 岁和 10 岁的孩子，她上晚班……她被诊断出患有临床抑郁症，由于要照顾 10 岁的患有自闭症的孩子和两个患有哮喘病的年幼孩子，瑞娜“几乎没有时间抑郁”。

举例说明趋势

虽然引文和视觉资料所提供的证据种类截然不同，但有效使用这些材料的一些基本原则是相同的：明确你想通过证据表达的观点，然后指出支持这一总体观点的具体特征。换句话说，引导读者解读证据。就像图表一样，每段引文都有多种可能的含义，你需要向读者说明什么对**你的**分析很重要。对于这两种证据材料，另一个好做法是只包含那些有关的数据；对于引文，这意味着要选择最少的字数来公平地表达资料来源并表明你的观点。任何更多的字数只会分散读者的注意力，使他们忽略对你来说重要的表达。在我们的例子中，请注意写作者在引用瑞娜的话时，只引用了瑞娜说的八个字。

我们再来看看引文的长度，注意作者在下面的例子中做出的不同选择。第一段引文包含三个完整的句子；第二段较长的摘录最好以整段引文的形式呈现。第三段的三处引文均为嵌入式引文。其中只有一句是完整的句子，其他两句都被删减为只言片语，以表达观点。

124 **例如，解释为什么妇女改名更好，受访者的一个常见方法是找出决定这种做法的集体主义来源——即宗教、传统和/或社会。**一些最强烈的改名倡导者将矛头指向了《圣经》(尽管改名成为一种习俗要远远滞后于圣经时代)。**他们的回答表明，妇女必须遵循宗教规定的性别习俗——尽管她们自己对这个问题有看法。**一位受访者指出：

陈述你的观点或主张。

对引文给出你的解释。

> 女人是男人造出来的，因此男人是一家之主。我知道女性不喜欢这样，但圣经的标准就是这样。这并不意味着女人是任何人或任何事的奴隶，但它的意思确实如其所说，男人是一家之主。

较长的引文段落使用“正楷”字体。

其他人强调了恪守传统和“**我们社会的风俗习惯**”非常重要(如一位受访者所说)。一个受访者同样表示：“我想这是长久以来的惯例，是我们做事情的方式。我们就是这么做的。我认为就应该这样做。”第三类受访者更关注实际问题——日常交往平顺甚至社会的平稳运行。正如一位受访者开玩笑说的那样，妇女改名“**可以防止**

使用最少的引文，证明你的观点

邮递员搞混”。这三类回答都反映出，在如何恰当地厘清性别差异方面，需要从个体之外寻找线索。

另一种呈现访谈数据的方式是对话形式。如果采访者和被采访者之间的交流很有趣，而回答又很简短，那么这种方式就是很好的选择：

玛乔里（Marjorie）是芝加哥一位有九个孩子的母亲，非裔美国人，她断断续续地与年幼孩子的父亲贾迈勒（Jamal）生活在一起。她的伴侣贾迈勒与她同居期间，同时与另一个女人保持恋人关系，她与采访者讨论了贾迈勒的贡献有什么不同： 125

我：那么，你说，在经济上，他有时会提供不错的帮助吗？

玛乔里：我想在他找到工作的时候（是这样）。有一天，他买了两盒麦片和一加仑[①]牛奶。[笑]

我：……我们已经谈过经济问题和孩子们的问题了。你说他帮忙照看孩子？

玛乔里：是的，他会帮忙照看。

我：比如像你上班的时候？

玛乔里：对。他会帮忙看孩子。他会接他们放学。

① 1加仑=3.79升。——编者注

我：这没啥问题吧？

玛乔里：当他搬到［他另一个女朋友］家后，他就不再接送他们了。

由于你可能会访谈或观察的人相对较少，因此对数据的不同解释持开放态度尤为重要，特别要注意那些可能会相互冲突的解释。作为一名新手，你可能会认为最好的策略是，找出那些支持你想要提出的观点（也许是你在设计研究时所想到的观点）的引文，并假装与该观点相反的内容都不存在。你这么做就错了。如果你掩盖不一致之处，忽视难以解释的数据，你就会错过人们看
126 待自己和他人最有趣的方面——真正的社会学内容。此外，你的教授也**确实不**希望你的数据如此简单。作为经验丰富的社会学家，他们自己也需要处理杂乱无章的数据，因此当学生能够聪明地处理定性工作中不可避免的复杂性时，他们会感到非常兴奋。当你的数据看起来**过于**整洁时，他们不能不怀疑，你选择分享的数据是否准确地代表了你的研究结果。即使你的大部分数据都有共同的特征或趋势，你也应该在这些数据之外寻找矛盾的数据或这些模式中的其他变化。

编辑引文

使用引文写作的挑战之一是让它们与你想表达的内容相吻合。为了将引文融入自己的文章中，我们常常需要做一些细微的改动——使其符合句子的语法，添加读者理解引文所需的信息，删去一些材料以便读者将注意力集中到我们想要的地方等。

幸运的是，有一种公认的方法可以表明你修改了引文：

- 如果**添加或更改了**词语，请使用方括号。
- 如果**省略了**词语，则使用省略号。

下面是一些例子（在你自己的文章中，不要将括号内的部分加粗；我们这样做只是为了向你强调这些部分）。

> 其他母亲最初在报告健康问题时并不那么准确。例如，一位民族志学者讲述了她为收集一位母亲健康问题的准确信息所做的努力，具体如下：
>
> 她[**这位母亲**]告诉我[**民族志学者**]，她去看医生是为了治疗甲状腺肿瘤，一个大的，两个小的……他们 127
> [**医生和护士**]问她是否做过什么手术，她告诉他们在她生下小儿子后输过血。

还有这个：

> 她总是买不起药，担心副作用。瑞娜经常不知所措，这反映在她的自我照顾上。当瑞娜胸闷、呼吸困难或剧烈疼痛时，她才去看医生。否则，她就会回避看医生，因为她“可以花 5 美元在沃尔格林的墙上看一看[**购买非处方药物来自我治疗**]，而不是花 20 美元去看

医生……工作、带孩子、打扫卫生，你没有时间停下来倾听自己身体的声音，即使身体发出了有问题的警告信号……你只是‘忙’，直到你可以坐在椅子上打瞌睡”。

你还可以在对话中用方括号插入对受访者情绪、语气、手势等的评论。这样的描述可以让访谈读起来更加生动：

R：发生这种情况时，你们都很难受吗？

D：是啊，这让我们感觉很不好，因为，好吧，我们并不觉得自己自命不凡。但我们有一个大的团体，你知道，我们都是好朋友……然后，如果你没有参加这样的活动，或者你没有成功，那么你就会觉得，你知道，好吧，我们是**自命不凡的人 [尴尬地强调最后一个词，然后大笑]** 之类的。

128 本节关于引文工作的讨论主要适用于定性研究。虽然下一节的讨论更广泛地适用于定量研究，但可视化显示也可用于某些定性数据。定性研究人员有时会对访谈或观察数据中的特定词汇及语言模式进行统计，并以定量形式显示出来。他们还可能对数据进行统计处理，计算百分比或相关性。由于定性研究工作几乎从未处理过可以推广到更大群体的样本，因此一些定性研究人员能接受这种定性数据的定量处理方式，但并非所有定性研究人员都接受。你可能想问问就近的专家（尤其是你的教授）对此有何看法。如果你得到许可，你会发现以下部分对于撰写定性结果也很有用。

制作有效的表格、图表和其他视觉效果

很多阅读研究报告的学生较少关注视觉效果（也称为**展示项目**）——表格、图表和插图。他们认为这些东西是补充材料，可以略过，而把注意力集中在真正的内容上：文字表述。如果你考虑一下专家（包括你的教授）的阅读方式，就会明白为什么这是一个坏主意。对他们来说，视觉效果才是报告中最重要的部分。事实上，新手往往会从头到尾阅读研究报告，期间几乎不会瞥一眼视觉效果，而专家则往往直接从摘要或导言开始查看视觉效果图表，甚至可能不会阅读整篇论文！

因此，如果你想让自己的文章获得好评，就应该知道如何有效地使用表格、曲线图和示意图 。这项工作涉及两项相关但不同的任务，而且这两项任务都很重要：设计视觉效果和在文中讨论它们。

设计视觉效果 129

无论你是撰写论文还是准备课堂演讲，都没有理由制作无法阅读或理解的视觉效果。然而，新手（还有一些不是新手的新手！）似乎并没有意识到他们的视觉效果会让读者感到沮丧。以下是一些常见的让读者难以理解其视觉效果的做法。

- 没有为每张图表添加标题或说明。
- 省略数轴标签、单位或图例——或者把它们做得太小而无法阅读。

- 使用目标受众无法理解的符号、缩写或术语（仅仅因为你的计算机程序或数据集使用了这些符号或术语，但这并不意味着这些符号或术语对你的读者有意义）。
- 包含与你的分析无关的信息。仔细考虑视觉效果中的每一个细节——表格中的每一列和每一行，曲线图和图表中的每一条线或每一栏。如果某些部分你并不提及，读者真的需要看到吗？
- 复制和粘贴统计程序的输出结果，而不是只选择相关数据或把数据修整到适当的有效位数。
- 使用过于复杂或条理不清的布局。你的视觉设计是否让读者难以看到重要趋势，或难以进行数值比较？对于表格，是否可以将相关行或列放在一起，使阅读体验更轻松？对于图表，你选择的线条或符号是否让人难以分辨哪个是哪个？

要制作一流的视觉效果，你需要把每一个视觉效果都当成一个设计问题。就像行文一样，要做好视觉效果也需要反复思考和修改。无论你使用哪种视觉效果，首先都要尽你所能快速地将其呈现出来——无论是用电脑还是用纸。然后想象自己是一个想要
130 理解它的人：他们可能会在哪些地方难以看到你想让他们看到的东西？更好的办法是，让一位同事对你的每一个视觉效果进行“出声思考回应”。请他尝试理解你的视觉效果——大声说出他正在看的部分以及他在此过程中一直在想什么。

提示

越简单越好。只包含读者理解数据或概念所需的信息、数据、统计数据等。只要不改变所保留的实际数据，删去表格的部分内容也是可以的。

使其独立。尽管我们会强调你需要在论文正文中解释你的视觉效果，但请记住，忙碌的读者会从摘要跳到视觉效果。确保数据来源、观察结果的数量以及视觉效果所有重要方面的标注都在其中。我们中的一位曾得到过这样的建议：如果你的论文被风吹走了，而专家只发现了一张图片，她应该能够理解它。

整合视觉效果和文字

学生们通常认为，图表和表格可以独立存在，就像美术馆里的一幅画。但让我们来比较一下它们。我们**希望**一件艺术作品能引起各种不同的解释。一幅伟大的画作可能对不同观众有着完全不同但同样强烈的意义，这很好。这可能是其伟大之处的一部分。但是，当你的读者看到你的社会学论文中的图表或表格时，有一种解释最为重要：你的解释。读者希望你**为我们解读**——向我们展示有趣的趋势，指出最重要的结果等。作为科学写作者，在读者观看我们的视觉效果时，我们希望引导他们如何思考所看到的内容。在我们设计了视觉效果以表达某种意义之后，我们要 131
确保读者能够理解其中的含义，并将其融到更广泛的论证中。

现在，你可以理解学生在撰写关于视觉效果的文章时，何处会经常出现不足了吧？你的教授翻开你精心制作的图表，只看到一句话："见图 2。""那又怎样？"她想，"我应该**看到什么**？有四条曲线，有的急剧上升，有的没有……有的起点较低，有的则较高……一条很平滑，有两条则摇摆不定。这里有什么重要的？"现在想象一下，她用魔法把你变到她的办公室，坐在她身边，让她读你的论文。当她读到图 2 时，你会说什么？也许是这样："你看到实线了吗？那代表的是参加了启蒙教育的低收入家庭的孩子。看，他们一开始比下面的虚线低得多，但两年后，这条实线与上面的这些虚线更接近了……"在你说话的同时，你的教授点了点头……你可以看到她明白了你的观点。

描述统计显著性

你应该假设你的读者会把"显著性"（significant）一词理解为"统计显著性"（statistically significant）的简称。学生（和记者！）有时会将**统计显著性**与日常意义上的**重要**或"值得注意"相混淆。但是，对于社会学研究写作来说，统计显著性只是说明，从更大的人群中抽取样本后，所获得的结果可能是由于随机因素造成的。统计显著性的程度通常用 p 值来表示。有两种常见的 p 值表示方法：
132 说明实际值（$p = 0.018$）或表示（$p < 0.1$）或（$p < 0.01$）。使用哪种方法取决于具体的出版物，或者就你而言，取决于你的教授的偏好。较低的值（一般小于 0.05）表示结果不可能仅仅是偶然的。如果你想谈论**重要性**，你需要使用"显著性"以外的词，以避免混淆。并不是所有有统计显著性的结果对回答你的研究问题都很重要。一方面，如果你的样本量非常大，微小的差异也可能具有**统计**

显著性。另一方面，如果你谈论的模式不具备统计显著性，这意味着你**可能**只是在谈论偶然性。一定要小心。

但是，如果碰巧你的教授没有这些特殊魔力呢？那你就需要**在**论文**中**说明你的解释。怎样才能知道需要说明什么呢？初稿时，试着向别人解释每个视觉效果，然后写下你所说的话。需要更具体的想法吗？以下是三种常见的“引导”读者理解视觉效果的方法：

- 确定趋势——比如一行中的数值是如何从左往右递减的，或者是如何几乎保持不变的，或者是四条线中为何只有一条线的斜率是负的，以及这代表了什么。
- 指出重要的**具体值**——表格中的极值，折线图的斜率、峰值或截距等。
- 解释这些趋势或具体数值与你所讨论的问题有什么关系。

图 6.1—图 6.3 以及表 6.1 是一些发表在社会学期刊上的视觉效果示例，以及写作者对这些视觉效果的讨论。在第一个例子中，我们添加了虚线箭头和椭圆线，以指出我们希望你看到的步 133
骤。请注意，每个讨论都会让读者注意到作者认为重要的特征（我们用粗体标出）。还要注意的是，作者在文中只重复了直观图中的几个关键结果，在某些情况下，他们还做了一些运算，使读者更容易看清趋势。在你研究这些例子时，请尝试自己找出作者在文中提到的具体值或趋势。当你准备好自己写作时，找到与

你正在使用的视觉类型相关的、写得水平很高的论文，然后**偷师学艺！**

示例：图表

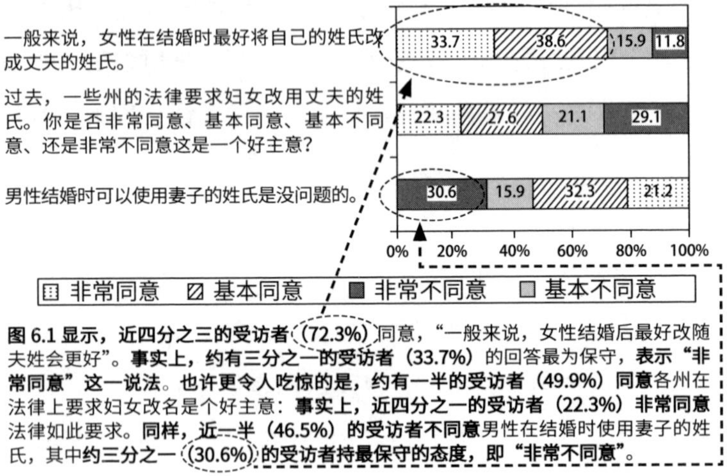

图 6.1　改名态度测量项目的分布情况

来源：《婚姻姓氏变化是性别态度的窗口》，《性别与社会》，2011 年（Marital Name Change as a Window Into Gender Attitudes. *Gender & Society*, 2011）。

示例：表格

134

表 6.1　报告生活中有重大种族歧视经历的百分比，美国生活全国调查（NASL）（女性样本数：N=2068；男性样本数：N=1118）

	男性百分比	女性百分比	T 检验	卡方检验
你是否因为某种不公正理由被解雇？	14.67	8.37	***	***
你是否因为某种不公正理由被某个工作岗位拒绝？	19.50	11.03	***	***
你是否被不公正地拒绝晋升？	18.25	7.98	***	***
你是否被警察不公正地拦截？	37.66	8.85	***	***
是否有社区不公正地不准你进入？	7.16	5.90	N/S	N/S
你是否被不公正地鼓励退学？	6.35	5.37	N/S	N/S
邻居是否令你或你的家人处境困难？	4.20	3.09	N/S	N/S
你是否被不公正地拒绝银行贷款申请？	7.96	5.27	**	**
你是否有接受服务不到位的情况？比如水管工或汽车修理工，他们为你提供的服务劣于对他人的服务？	7.16	2.47	***	***

** 99% 置信水平下具有显著统计性；*** 99.9% 置信水平下具有显著统计性；N/S 无显著性差异

表 6.1 展示了报告生活中有重大种族歧视经历的黑人男性和女性的百分比。**令人震惊的是，针对九个测量问题中的每一个**，报告有种族歧视经历的男性**百分比都高于**女性。因为种族原因被不公正地拒绝晋升的男性**比例**是有此类经历女性的**大约两倍**。**更令人震惊的是，报告**被警察不公正拦截（同样是因为他们的种族）的男性**比例**比有此类经历的黑人女性**高了三倍多**。比其他类型的歧视相比，男性（虽然更重要的是，并非女性）**更可能**报告曾遭受警察的种族歧视。

来源：《性别措施，性别模型：人际种族歧视的交叉分析》，《民族与种族研究》，2011 年（Gendered Measures, Gendered Models: Toward an Intersectional Analysis of Interpersonal Racial Discrimination. *Ethnic and Racial Studies*, 2011）。

135 ## 示例：示意图

图 6.2 **用三个简单的示意图**说明了弱关系和网络桥梁作用的逻辑。**假设**正方形节点代表男性，圆形节点代表女性，**实线代表**强关系，**虚线代表**弱关系或新形成的关系。**观察最上面的示意图，我们会发现**男性行动者 A 和 C 有很强的关系，而 A 与女性行动者 B 有很强的异性关系。**这个示意图代表了**一个不传递的或“禁止的”（Granovetter 1973）三元组，由于 B 和 C 之间没有关系，A 会产生认知失调，导致 A 的朋友之间不平衡（Heider 1946）。为了建立平衡，要么形成 C—B 纽带，要么削弱或打破 A—C 纽带或 A—B 纽带。请注意，行动者 A 是 C 和 B 之间的桥梁，因为从 C 或 B 传递信息必须先经过 A。
中间的示意图展示了……

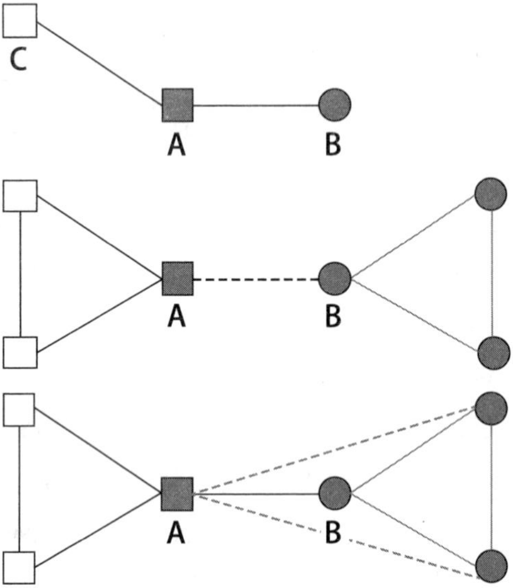

图 6.2　三个假想的友谊图

来源:《危险的联系？青少年同伴网络中的约会与饮酒扩散》,《美国社会学评论》, 2011 年（Dangerous Liaisons? Dating and Drinking Diffusion in Adolescent Peer Networks. *American Sociological Review*, 2011）。

示例：线形图

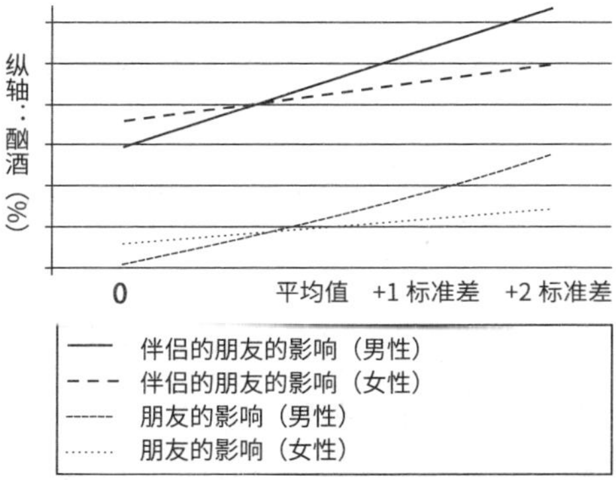

为了更好地说明朋友和伴侣的朋友饮酒对未来酗酒的**影响，图 6.3 按**性别和两种朋友测量值**绘制了**酗酒的预测概率（模型 2）。在其他变量保持均值的情况下，图中的**线段分别代表**了男性和女性在朋友和伴侣朋友饮酒量不同的情况下酗酒的**预测概率**。性别的主效应**非常明显**；当朋友的酗酒行为为 0 时，男性受访者酗酒的可能性比女性受访者高出约 15%。**同样明显的是**，伴侣朋友的饮酒情况对自己未来酗酒的概率有很大影响。对于男孩和女孩来说，通过恋爱伴侣与酗酒严重的同龄人（即高于平均值两个标准差）建立联系，与不交往酗酒同龄人相比，酗酒的概率会增加 25% 以上。至于直接的朋友关系，与不喝酒的朋友相比，酗酒的朋友可能会使酗酒的概率增加约 10%。此外，与酗酒伴侣的朋友有联系的女孩比和普通男孩约会的女生更有可能酗酒。因此，伴侣之友为男孩和女孩在恋爱关系中的饮酒行为平等化提供了一种潜在机制。

图 6.3　依据性别和朋友之前的饮酒情况做的酗酒预测概率

来源：《危险的联系？青少年同伴网络中的约会与饮酒扩散》，《美国社会学评论》，2011 年（Dangerous Liaisons? Dating and Drinking Diffusion in Adolescent Peer Networks. *American Sociological Review*, 2011）。

结果部分写作检查单 136

✓ **结果部分是否只包含数据和分析？**例如，该部分不应包括与其他研究结果的比较，或对研究结果的重要性或局限性的讨论。这些是讨论部分的主题。

✓ **引文：**是否对每段引文都进行了精心选择和编辑，以强调能说明你想表达观点的词语？你是否明确陈述了你希望读者理解的每段引文？

✓ **插图：**每个图、表和示意图是否都在文中清楚地标注和引用？它们的设计是否便于识别出重要趋势？文中是否讨论了每幅插图？你是否明确陈述了重要的趋势、模式或价值？

撰写讨论

你听说过“只见树木，不见森林”这句老话吧？那么，你在讨论部分的任务就是把读者从“结果”部分的“树木”带到一个有利的位置，让他们再次看到“森林”。在这个阶段，你可能会有这样表达的冲动：“我已经把一切都告诉你们了。这篇论文就这样**结束**了。”先忍住别说。

在结果部分，你告诉了读者你**发现**了什么。讨论部分是你解释这些发现的**意义**的机会，也就是说，帮助读者理解你的发现是如何回答你的研究问题的。当读者停止阅读你的论文时，这是你最希望他们记住的内容。讨论部分应该是读者的“收获”。

讨论部分通常有三个小部分。对于篇幅较短的论文，每个部分可能只有一个段落；对于篇幅较长的论文，每个部分可能是一
137 组段落（可能标有小标题）。第一部分是主要部分，通常也是最长的部分：解释你的发现如何回答你的研究问题。事实上，你可以把这部分论述看作是导言的翻版——告诉你的读者，你的工作如何填补了你在导言中描述的空白，以及你的发现与你之前讨论过的研究相比如何。

以下是几位专家研究人员完成这一步的方法。一些研究人员首先用清晰的语言概括了他们的主要结论：

工业化国家的人口更容易变胖，起码中年后期是如此（Adams and Schoenborn 2006）。**我们的研究结果表明**，为人父母可能会使这些体重变化轨迹变得陡峭，并使提高其峰值。虽然美国父母与非父母之间的年增重率差异在短期内可能并不明显，但从整个成年期来看，这些差异似乎会变得非常显著，无论是女性还是男性。

还有一些研究者再次明确提出了他们的研究问题，然后给出了他们的最佳答案，尽管只是初步的：

课程培训如何影响我们对穷人的看法？这项研究的结果表明，精英教育是否会对贫困观念产生自由化的影响，既取决于学生所接受的具体教育类型，也取决于学生在种族和性别方面所处的社会位置。学习经济学课程的学生个人主义程度较高，结构主义程度较低，支持扶贫政策的程度也较低。社会学和非裔美国人研究课程与所有学生个人主义水平的下降相关。

其他人则更进一步回溯，从他们在文献中发现的空白开始， 138
然后说明他们是如何填补这一空白的：

最近，关于大学性关系的**文献主要集中在**勾搭文化上：**具体来说，这些文献记录了**负面影响（尤其是对女性的影响）、异性恋大学生如何驾驭勾搭，以及随意性

> 行为如何取代了约会。**尽管之前**的勾搭**研究提供**了对大学校园随意性关系的洞察，但**它过于狭隘地关注**勾搭，而**忽略**了在勾搭与约会之间发展起来的更多变的关系。

很少有任何一项研究能完全填补研究空白。因此，结论往往有一定的局限性。你在描述自己的“森林”时，应确保明确这一点：

> **我们的研究发现表明**，行为人在叙述异常行为时的情绪表现会强烈影响观察者对该行为人的身份推断，而这些身份确认/不确认推断反过来又会影响量刑判断。**然而，我们的研究结果指出**，仅仅表现出情绪可能**不足以**改变互动结果。无论是路径分析还是单独的方差分析，都没有发现情绪状态对量刑结果的直接影响。

讨论的第二个主要部分通常是承认局限性。以这种方式直面读者可以建立起读者对你作为作者的信任感，但前提是你必须认
139 真讨论局限性。不要陈述显而易见的事实：**每项**研究都可以有更多的样本，包括更多类型的人等——因此，陈述这些局限性会显得不真诚或天真。相反，你应将注意力集中在你的研究中可能真正影响结论的局限性上，并提出这些局限性可能会**如何**影响结论。如果你使用的是以前收集的数据，那么是否有一个关键变量或概念可能很重要，但却没有包括在内？你想要但没有控制的变量？你认为测量不准确的变量？你的参与者样本中是否缺少一类

人，他们对你所研究的过程可能会有不同的反应？“长期”数据虽是最佳数据，但由于时间限制，你不得不选择横截面分析？

让我们看看专业人士是如何做的。下面是社会学主要期刊《美国社会学评论》的作者承认其工作局限性的一个例子：

> **这些发现有几个局限性。**首先，我们必须在通过定性访谈收集的数据深度和可概括性之间做出权衡。我们的受访者劳动所得税收抵免（EITC）的经历可能不同于国内其他地区的计划受益人或仅收到小额退款支票的受助人。其次，在EITC受益人群体中，对计划的认识和分配可能存在差异，而这在仅115人的样本中并不明显。最后，由于我们的样本并不代表福利金领取者或所有工薪阶层，因此我们的结论可能无法说明未领取EITC人士对福利金或工资收入的理解。对工资的看法和分配可能会有所不同，例如，较富裕的工薪阶层可以进行更多的自由支配的支出。

讨论部分的最后通常是一段描述未来需要开展的研究的文 140
字。这部分内容可能直接来自“局限性”小节，因为可以设计新的研究来消除其中的一些局限性。但也可以包括其他内容，因为新的发现几乎总是会带来新的问题。这就是为什么几十年来，你的教授就同一主题发表了一项又一项研究。

下面是一个未来研究如何与当前问题和发现相联系的例子：

> 因此，我们发现，宗教对个人世界观的塑造是传统的宗教衡量标准（如教派归属或宗教出席率）所无法捕捉的。尽管宗教科学观点可能并不与所有政治态度相对应，但科学和宗教观点的其他推论，包括投票模式、人际交往行为和社会经济态度，**都是未来研究的一个很有前景的取向**……
>
> **如果未来的研究能够**找到可靠的方法，用较少的调查问题来捕捉宗教科学观点，这些项目可能值得纳入其他全国的和跨国的调查。这些数据将有助于研究跨领域、可比较和随时间变化的宗教科学观点。

如果我的数据无法回答我的问题怎么办

当你作为学生进行研究时，校历会给你规定截止日期。那么，尽管你尽了最大努力，但你的数据和 / 或分析就是不起作用，而时间已经不多了，该怎么办？如果你一路真诚努力，请不要惊
141 慌。你的教授或导师应该理解这种结果。

如果你已经没有时间继续你的研究，而你仍然没有结论性的结果，那么你需要转向另一个替代性计划。我们的建议在专业领域行不通，但在学校项目中，因为规定了不可协商的结束时点，却很有意义：首先，清楚地展示你已经得到的结果；其次，在讨论中，尽可能陈述你的分析结果，解释你认为出错的地方和原因；最后，描述一下如果有时间倒回去再试一次，你会怎么做来纠正问题。最后这部分至关重要，它将你的实验失败转化为一次

有意义的学习经历——这也是作业的目的所在，对吧？

如果你认为自己可能会面临这样的结局，请在时间用完之前，在开始写“讨论”之前，与导师好好谈谈。确保你的导师同意你的计划，并就怎样才能恰当地解释这个不幸的结局，明确表达你的理解。

下面是一篇学生论文讨论部分的开头，它的作者就遇到了这种问题。她获得了 A+！

> 这个实验的结果显然是不确定的。数据没有显示受试者和接触目标身份的情感距离与受试者被吸引的难易程度之间有任何关系。
>
> 然而，这种关系的缺失似乎是由于实验过程中的潜在问题造成的，而不是实验所依据的理论或推理存在缺陷。有几个迹象表明实验程序出现了失误。首先，受访者的教育水平……

讨论部分写作检查单 142

- ✓ 你是否解释了你的发现与你的研究问题以及你在文献综述中讨论的最相关的以往研究之间的关系？
- ✓ 你是否讨论了你的贡献的优势和局限性？
- ✓ 你是否制订了未来的研究议程？

撰写摘要

在你尝试确定研究问题和撰写理论 / 文献综述部分时，你可能阅读了大量摘要。如果你发现你在无法从摘要中找到研究问题或其答案时感到沮丧，请不要这样对待**你的**读者。此外，请记住摘要是读者首先阅读的内容。这是你给读者留下良好印象、凸显论文重要性和质量的第一个也是最好的机会。

> 大多数基于研究的写作作业都应该有某种摘要。对于短篇研究论文，摘要可能只有三到四句话。如果是案例研究文章或实习报告（见第二章），则应使用**执行摘要**。如果你写的是研究计划书，则应该以**项目摘要**作为开头。

因此，一旦你写好了论文的完整初稿，就应该从头开始。你的摘要需要在不到一页的篇幅内概括整个项目。对于新手来说，摘要往往像是在提交研究报告之前的一个额外且无趣的步骤。对专家来说，摘要是研究人员要完成的重要写作文体之一。社会学
143 家阅读的摘要数量远远超过论文数量。因为发表的研究报告比任何人有时间（或兴趣）阅读的都要多，社会学家阅读摘要只是为了了解可能影响自己领域的最新进展。他们还将摘要作为筛选工具，以决定哪些文章足够相关，值得阅读。因为他们知道摘要是非常重要的第一印象，所以专家们通常会花比论文中任何其他段落更多的时间来修改摘要。

为了帮助你学习撰写摘要的艺术，让我们从一些简单明

了的指南开始——以下内容摘自美国社会学协会（American Sociological Association, ASA）网站。

ASA信息性摘要写作指南

请撰写内容翔实的摘要。要有序、简洁、具体。使用“报告”“提议”和“分析”等主动动词，而不是“是”“都是”和“似乎是”等静态动词。不要避重就轻或含糊其词。摘要应少于200字。

目标： 陈述核心主题、研究问题或研究目标。

方法： 简要介绍研究方法，包括研究对象、抽样方法、样本规模、研究设计（如调查、实验或深入访谈研究）以及数据收集日期。

结果： 描述结果。

结论： 解释结果是否支持理论或假设。得出结论并说明影响。

这些都是有用的提示。但社会学家并不一定完全遵循这个 144
模板——这意味着你的教授可能会更喜欢一些不同的东西。接下来，我们将介绍几种常见的变体。对于你自己的研究项目，你可能会发现其中一种比另一种更合适。你也可以向教授展示这些变体，询问她（他）是否有所偏好。

模式 1：主题 > 空白 > 研究发现

20 世纪 80 年代和 90 年代，单一疾病利益集团成为美国政治中一股有影响力的力量。本文探讨了它们对联邦医学研究优先级设定的影响。以往对游说组织政治效应的研究主要集中在为选民带来的直接利益上。利用 19 年间 53 种疾病的数据，我发现除了确保直接利益外，游说组织还具有综合效应，可以系统性地改变政策领域的文化。疾病游说重塑了资金分配，改变了政策受益人的认知，促进了补偿标准的制定，并使文化价值类别与政策制定日益相关。

介绍主题

确定空白

介绍研究发现

模式 2：主题 > 空白 > 目标 > 研究发现

承诺理论强调个人在角色和社会结构中注入自我激励行为的方式之一，从而将自我与社会结构联系起来。过去对承诺的理论建构包括贝克尔（Becker）、斯特赖克和坎特（Kanter）等人的研究在内，他们倾向于将承诺视为个人与 1）一系列活动、2）
145 某个角色伙伴、3）某个社会组织之间联

介绍主题

确定空白

系的纽带。基于认同理论或情感控制理论（这两种理论都使用了认同过程的控制论模型）的研究取向认为，承诺将个人与一种认同联系在一起。这种观点认为，承诺并不是将一个人与前后一贯的活动、其他角色伙伴或组织联系在一起，而是与一套稳定的自我意义联系在一起。这些稳定的自我意义反过来又产生了一贯的活动。这一观点在对大学生角色数据的分析中得到了证实，在大学生角色中存在着多种独立的承诺基础，其中包含认知和社会情感成分。承诺调节了学生身份认同与角色表现之间的关系，因此，承诺越高，两者之间的关系越紧密。	说明本研究的目标 总结研究发现

模式 3：主题 > 方法 > 目的 > 研究发现 > 影响

加强子女抚养费的执行要求父亲承担对子女的经济责任，还可能鼓励更负责任的性行为。本文利用 1997 年（1997—2001 年轮次）全国青少年纵向调查（N=4272）数据，研究了子女抚养费的强制执行与男性青少年性行为之间的关系。在数据收集前 12 个月内有过性行为的青少年中，子女	介绍主题 简述数据收集和样本 陈述研究问题 / 议程

抚养费执行力度越大，性伴侣越少，性交频率越低，使用避孕方法的可能性越高。子女抚养费的强制执行对非白人青少年和生活在高度贫困地区的青少年的影响尤为明显。	简要概述研究发现
这表明，加强子女抚养费的强制执行可能减少男性青少年某些方面的性活动。	简要概述影响

146 **模式 4：空白 > 方法 > 研究发现 > 影响**

对离婚决定因素的研究在很大程度上忽略了促使妻子和丈夫提出离婚的因素之间的差异。	建立空白
作者利用纵向数据和嵌入竞争风险事件历史模型的潜类模型来评估妻子和丈夫离婚的不同前置因素。	简述本研究的方法和目的
他们发现，当男性没有工作时，夫妻中的任何一方都更有可能离婚。当妻子的婚姻满意度高于平均水平时，她们的就业不会影响夫妻双方的离异。然而，当妻子的婚姻满意度低于平均水平时，她们的就业会使她们更有可能离开。	简要概述研究发现
作者的研究发现表明，离婚理论需要“性别化”，以反映不对称的性别变化。	简要概述影响

创建标题

在提出研究问题时，你可能就开始考虑标题，但直到写作的最后阶段，你才会确定标题。这是因为标题应该能唤起你在讨论部分描述的那片广阔的森林，而在你完成分析并向读者描述之前，你是不会知道这一点的。

有几种拟定好标题的策略。一是用简短的形式陈述你要回答的问题。例如，关于为人父母与肥胖症关系的论文可以取名为：“为人父母会导致体重增加吗？”该论文的实际标题采用了另一种方法——首先宣布论文的总体主题，然后聚焦与之相关的主要变量：“为人父母与一生中体重变化的轨迹”。有些作者将这两种方法结合起来，首先提出一个主题，然后再提出一个更具体的问题：“找工作：是否有母性劣势？”当然，顺序也可以颠倒：“性别 147
偏见还是母性劣势？对工作场所蓝领父母的评判”。有时，标题侧重于研究结果而非问题。这在社会学中不像在其他一些科学中那么常见，但如果研究结果是确定的，也许就应该这样做；它能让读者一眼就看到底线。例如，最近有一篇论文标题就是“肥胖会传染吗？肥胖症流行中的社会网络与环境因素”，本可以叫做“控制环境影响，肥胖症不会传染”。

你可能会注意到，我们的很多标题示例都包含两个部分：主标题和副标题。这样做确实很有诱惑力，因为你想在与读者的第一次接触中尽可能多地塞进一些东西。但至少有一位杰出的社会学家查克·蒂利（Chuck Tilly）反对副标题。他从来没有写过一本有副标题的书；他认为你应该认真思考标题应该是什么，而不是通过实际上有两个标题来诱骗读者。如果我们能像他那样想出好书名，这将是极好的建议。他最出色的标题包括“持久性不平等”（“Durable Inequality”）、“从动员到革命”（“From Mobilization to Revolution”）、“故事、身份和政治变革”（“Stories, Identities and Political Change”）。本书作者之一曾写过一篇被引用次数最多的文章，标题很隐晦，叫“人以群分 / 同样羽毛的鸟”（“Birds of a Feather”），指的是“同类”这一主题（人们倾向于同与自己相似的人交往）；这篇文章引用了《伊索寓言》中的一个故事：一只鹳鸟与乌鸦混在一起，却因与乌鸦相处不好而受到伤害。因此，有时你可以不拘泥于创意。如果你做了不寻常的事情，请务必确保你的摘要清晰而专业！

现在，我们已经了解了根据原创研究撰写完整研究论文的基本知识，让我们来看看在写作中会反复出现的一些问题。第七章、第八章和第九章将介绍资料来源和文体问题，这些问题在你所进行的各类社会学写作中都很重要。

第七章

选择和使用资料

CHOOSING AND USING SOURCES

148 你为社会学课程撰写的大多数论文都需要资料，不同的作业需要不同类型的资料。但是，你关于资料要做的决定远不止选择正确的类型。要想写出好论文，你需要密切关注资料的质量和适用性，还需要知道如何有效地使用它们。本章将介绍这些内容。在第八章中，我们将介绍资料使用的其他方面，尤其是引用技巧和避免抄袭的策略。

使用资料的方法

我们将帮助你了解社会学家**使用**资料的一些基本方法。了解如何使用资料将帮助你做出更明智的选择，也许还能节省时间。

在人文学科中，学者们通常将资料分为**一手资料**和**二手资料**。然而，由于社会学家研究的是人（或关于人的数据）而不是文本，因此这种术语并不十分有用。此外，写作者使用同一种资料的方式也大相径庭。为了帮助你了解社会学家如何使用资料，
149 我们从约瑟夫·比祖普（Joseph Bizup）开发的分类法中改编出了一套词汇。我们使用资料的四个类别是**背景**（B）、**论据**（A）、**理论**（T）和**方法**（M）。

背景资料

背景资料提供事实材料。我们经常在导言部分使用背景资料，以帮助读者理解某个主题或观点，或展示某些事物为何有趣或重要。在提供统计数据、定义等内容时，我们也会使用资料作为背景。基本上，当你希望读者毫无疑问地接受你提供的信息时，你就需要使用资料来做背景说明。如果你引用资料是为了说“你可以相信我，因为这里是这么说的”，这就是背景资料。在下面的背景资料示例中，请注意所引用的信息是如何以一种实事求是的方式呈现的：

> 根据2009年“监测未来”（Monitoring the Future）的数据，12年级学生30天内自我报告的醉酒率（27.4%）是8年级学生（5.4%）的五倍多（Johnston et al. 2009）。

> 在20世纪60年代和70年代的抗议周期期间及其后，美国宪法扩大并明确规定了对以“向政府请愿”为目的的公共集会的保护（Goraet al. 1991; McWhirter 1994）。

> 1994年，参议院拨款委员会命令国立卫生研究院（NIH）提交一份按死亡率、医疗支出和疾病间接经济成本划分的拨款报告（Agnew 1996）。同年，国会研究服务部编写了一份关于国立卫生研究院经费和主要死因死亡率的报告（Johnson 1994）。

150

一手资料和二手资料

你可能会听到有人称资料为**一手资料**或**二手资料**。因为在不同学科中的含义不同，这些术语可能会引起混淆。在历史或文学等主要解释文本的领域，这些术语经常被使用。对于这些学科的学者来说，一手资料就是他们所解读的东西——诗歌、电影、私人日记、政府文件等。但社会学家并不经常将资料称为一手资料或二手资料。如果有的话，一手资料指的是原创研究报告——也就是你的社会学教授在《美国社会学杂志》和《家庭关系》(*Family Relations*)等期刊上发表的文章。这些论文由科学家本人介绍他们的新研究。它们的目标读者群是该领域的其他研究人员，以及利用社会学知识从事政府或政策工作的专业人士。如果社会学家谈论二手资料，他们指的是关于一手资料的写作；这可能包括综述文章，对他人就某一社会学主题所做的最新研究进行总结。如果你为一门课程撰写文献综述，那么你所撰写的就是一种二手资料。

论据资料

当你向读者提供与你的主张相关的证据或理由时，你就需要用某种资料当做论据。论据资料可能会支持你的主张，例如在下面的例子中，作者声称在 20 世纪 80 年代，“几乎每种疾病都可以用每死亡一人或每名患者花费多少美元来衡量，以证明与人类免疫缺陷病毒 / 艾滋病相比，他们的疾病资金不足”：

> 例如，1984 年，乳腺癌患者支持者罗斯·库什纳（Rose Kushner）作证说，联邦政府为每名艾滋病新患者花费了 11,000 美元，但为每名确诊为乳腺癌的患者只花费了 400 美元（美国国会 1984:49）。 151

下面是另一个例子。在这个例子中，资料是直接（整段）引用的：

> 在这份报告中，美国国立卫生研究院首次列出了确定不同疾病优先次序的标准。他们提供了五个未分等级的标准：
>
> 公共卫生需求、研究的科学质量、科学进步的潜力（存在有前途的研究方向和合格的研究人员）、沿着广阔而不断扩展的研究前沿进行投资组合的多样化，以及对基础设施（人力资本、设备仪器和设施）的充分支持（医学研究所 1998:4）。
>
> 这些标准提供了一些有关美国国立卫生研究院确定优先事项的信息，同时对资助决策保持了很大的科学自主权。

论据资料也可以是一个人或团体的替代物，代表他们支持某种观点，或对与你自己的论点相关的事物提出某种主张——无论你是否同意：“某某说……”类比于法庭审判，这就好比辩护律师说：“州检察官希望你们相信我的当事人……”论据资料可以明确

陈述观点或主张，也可以暗示某种立场或主张。如果你认为观点
152 有效且相关，而且你认为读者会接受该资料为合法权威，你就会使用该资料来支持你的主张。如果你认为某个资料有相关性，但其价值值得怀疑，你可以引用它来**反驳**它自己（有关此类资料使用的详细说明，请参阅“让步与反驳”）。

你也可以使用论据资料向读者展示各种立场，这通常是研究报告中导言和文献综述部分使用这些资料的方式。当用于此目的时，通常会对资料进行分组，以显示一个共同的、因此也是重要的立场：

> **学者们认为**，疾病支持者成功地游说了研究基金（Brown and Zavestoski 2004; Dresser 1999; Epstein 1996）。

多个论据资料也可以相互对比，尤其是为了代表共同持有的观点或立场：

> **同伴选择理论者认为**，药物使用是友谊形成的前因，而非后果（Gottfredson and Hirschi 1990; Hirschi 1969）。而**同伴影响理论认为**，友谊群体为个人学习行为和态度（包括与药物使用相关的行为和态度）提供了亲密的环境（Akers 2009; Bandura 1977; Sutherland 1947）。

论据资料也可用于为你自己的工作提供对比：

> **大多数现有研究**将目标人群作为政策的一个固定特征，通常直接从法案文本中对目标人群进行编码（Donovan 2001; Schroedel and Jordan 1998）。**与此相反，** 153
> **我认为**政策的认知目标会随着时间的推移而改变。

理论资料

理论资料看起来的基本作用是：提供社会学理论或观点的参考资料。社会学世界是一个复杂的场所，在任何一篇文章中我们都只能运用有限的社会学思想或概念。理论资料向读者展示了我们在讨论主题或设计研究时所使用的理论视角。

社会学家使用的理论资料通常可分为两类。“经典”（或正典）资料提供了深厚的背景，将新作品与该领域的主要观点和理论家联系起来。相比之下，当代资料则与社会学家当前的研究更直接相关。在下述例子中，作者一开始就提到了理论观点的原初经典来源，这为他们对最新研究的讨论做了铺垫：

> 社会学研究的一个悠久传统是将违反规范者的补救行动与社会旁观者对他们的看法联系起来。戈夫曼（Goffman 1971）也许对违法行为发生后所需的印象管理做出了最有说服力的描述……正如戈夫曼（Goffman 1971:113）所说，“道歉是一种姿态，通过这种姿态，一个人把自己分成两部分，一部分是犯有违法行为的人，另一部分是与违法行为撇清关系并确认对被违反的规则

> 的信念的人……”
>
> 道歉可以有效地减少对违法者的愤怒，并降低旁观者希望惩罚违法者的程度（参见 Darby and Schlenker 1982；Ohbuchi et al. 1989；Riordan et al. 1983）。直到最近，研究才开始更仔细地探索道歉在哪些方面可以减少
> 154 制裁，以及这些道歉的作用机制。舍尔和达利（Scher and Darley 1997b）的研究表明，表达悔意对减少[制裁]有重大影响。

有时，论文会有一个单独的理论部分。更常见的情况是，理论与其他研究讨论交织在一起（学生的研究报告通常就是这种情况）。无论理论出现在资料的哪个部分，当你谈论你的假设或结果解释背后的**社会学观点**时，你就是在使用该资料为你的论文提供理论框架。

方法资料

你使用方法资料来说明**你**在自己的作品中使用的程序或方法与别人的相似度。作为一名写作者，引用**方法**资料对你有两方面的帮助：第一，如果别人已经详细描述了你正在做的事情，你就不需要再详细描述了，只需简要概括，然后引导读者去看该方法资料；第二，如果你引用的方法资料被读者认为具有权威性和相关性，他们就会对你正在做的事情更有信心。

毫不奇怪，**方法**资料最有可能出现在方法部分。这些资料解

释或证明了你为什么要这样做，比如说：

> 根据审计总局（General Accounting Office 1997）的一项研究，我假定对潜在捐献者库的最佳估计是院内死亡率，并根据情况或死因进行调整。

但是，如果某个程序或方法是你研究项目的核心而不仅仅是一个细节，你可以在导言中简要提及（并引用）：

> 我们使用双方程估计程序（**基于 Heckman 1976**）来 155
> 处理关系和犯罪中的自我选择问题。

如果在导言中提及某方法，那它也值得在文献综述 / 理论部分进行详细讨论。

方法资料也可以提供你在自己的工作中会用到的定义、类别或标签：

> 最近关于举止和警察使用武力的研究（**Engel, Sobal, and Worden 2000; Garner, Maxwell, and Heraux 2002**）区分了不尊重行为的两个重要方面：对警官的不尊重举止和对警官使用武力。

数据库引用也是一种**方法**资料：

我们使用《全国青少年健康纵向研究》（Add Health, 2001）中的两轮数据来验证我们的假设。

在社会学写作中使用资料的四种方法：概述

背景：作为事实引用信息。“你不必相信我的话，你可以在这里查找。”

论据：提出支持（或质疑）你的主张的证据。“我们是否应该
156 相信 X? 让我们考虑一下……”或者提出别人的立场或主张，并对其做出回应：“某某说……”

理论：为你的观点、解释或研究提供社会学框架或视角。

方法：借用程序或方法。“这种做 X 的方法不是我发明的，你可以在这里读到。”

引用、转述和概述

一旦你决定为某一特定目的使用某种资料，你就需要决定**如何**使用它。主要有以下三种选择：

- **引用**：原封不动地重复资料来源的语言信息（或略加修改，明确注明）。
- **转述**：用大致相同的篇幅重述观点或信息，但重新组织

措辞，使其符合你自己的目的和语境。

- **概述**：用比原文少得多的文字描述或解释某件事情（这也可能包括用文字解释图表或表格的整体要点）。

无论你选择哪种方式，重要的是要把你自己的声音放在前面。换句话说，即使你在讨论其他写作者的作品，读者也应该感觉到他们听到的是**你的**观点。以下是一些关于如何有效使用资料的指导原则。

只在确切的词语有重要作用时才直接引用

当读者在你的论文中看到引文时，他们会认为引文中的原话有某些重要之处，你希望他们注意到资料中使用的确切词语。读 157
者会特别关注这些被引用的词语——以便了解你认为哪些词语如此重要。因此，如果资料的原话并不重要，那么把它们放在引号中就是一个误导信号；在这种情况下，你应该转述或概括。

引用时，使用尽可能少的字数

我们理解你为什么会想要使用尽可能长的片段摘录（我们也能回忆起高中时的作业，为了完成至少 10 页的篇幅要求，我们夸大观点来铺满 2 页纸）。但是，当你使用别人的话超过了你表达观点的需要时，读者就很难从这些话中看到你想让他们看到的东西。如果引用的内容超过了需要，读者（包括你的教授）就会清楚地意识到你在浪费篇幅（和他们的时间）。当我们向同事询问他们对学生写作的忌讳时，常常提及过长的引文。

只引用表达你的观点所需的词语

不是这样写：

在《共产党宣言》的第一部分“资产者和无产者”（“Bourgeois and Proletarians”）中，马克思（Marx）指出，社会的历史就是不断进行阶级斗争的历史：**“自由民和奴隶、贵族和平民、领主和农奴、行会师傅和帮工，一句话，压迫者和被压迫者，始终处于相互对立的地位，进行不断的、有时隐蔽有时公开的斗争，而每一次斗争的结局都是整个社会受到革命改造或者斗争的各阶级同归于尽。”**

158

而是这样写：

在《共产党宣言》的第一部分“资产者和无产者”中，马克思认为，社会的历史就是不断进行阶级斗争的历史：**“自由民和奴隶、贵族和平民、领主和农奴、行会师傅和帮工，一句话，压迫者和被压迫者。”**

把你的声音放在前面：这是你的论文

你需要让读者感觉到，论文中的一切都出自你的大脑，即使你是在讨论别人写的或说的内容。

这里有一个可靠的技巧，可以让你的论文读起来像**你的**论文：在每一节和大多数段落的开头，先写一段引言，介绍自己的观点、想法或看法，然后再讨论别人说了什么或有什么想法。对于一个段落，引言通常至少需要一个句子。对于章节的开头，可能需要一个段落（注意：这些都是最低要求。如果你在每个段落的开头只用自己的一句话，然后在段落的其余部分填充资料材料，你仍然是在拼贴写作！参见第八章）。如果你倾向于在段落末尾提出你的观点，试着把它们移到段首。

还有一种方法可以让你的声音更突出：当你用较长的篇幅讨论一个资料时，请提及作者（或机构）的名字，使他们成为你论文中的人物。点别人的名字可以让你的作品更有自己的特色，这似乎有点奇怪，但事实确实如此。当你写道“根据涂尔干……” 159
时，我们听到的是你在说话；但如果你只是概括了涂尔干的观点，而没有明确地将其归功于他——你的声音就会与他的声音混为一谈。以下是在文章中何时直接引用作者的指导原则：

- 如果是直接引用，除了引文之外，**一定要**引用作者的名字。如果原话很重要，那么谁说的也很重要。
- 你在概述或转述观点、概念、论据或理由时，若可以将他们归属于特定的作者或组织，则应将其引入讨论。
- 如果你使用参考文献作为统计数据、日期、定义或其他信息的来源，而你希望读者毫无疑问地将其视为事实，那么仅标注引用的参考文献就足够了。这里还有另一种看待方式：如果你在其他资料中也能找到同样的信息，那么作者可能并不重要，不值得直接提及。

修改引文

有时，资料的原话非常重要，需要直接引用，但你仍需要稍微改动一下。比如说，你要引用的句子位于一个段落的中间，它使用了一个代词来指代段落开头提到的某个人。如果你保持原样，你的读者就无法理解，因为他们不知道这个代词指的是什么。你可以引用从段落开头到你想要的句子的所有内容，但是，正如我们在上文所解释的，所有这些额外的字词会让你的读者更难捕捉引文的重点。你最好的选择是修改引文，将代词替换为其指代的对象——用方括号标明你修改引文的位置。方括号是一个信号，告诉你的读者：“我对这段引文做了一些修改，我想让你知道我到底改了什么。”

160 在下面的例子中，引用的材料原本是一个句子的开头，因此第一个字母是大写的。但由于作者想把这段材料插入自己的句子中间，她就把第一个字母改成了小写，并用括号标明了改动之处：

> 人们对重要优生学家的改宗行为并不感到惊讶，例如卡尔·皮尔逊（Karl Pearson）建议：“**[社]会主义者（[s]ocialists）**必须灌输一种精神：对国家的叛徒应立即处决并悬尸灯柱。”

如果引用的段落因脱离上下文而需要补充词语，请使用方括号：

> "大多数犹太人只是在 [19] 世纪末才在资产阶级的中低层获得了稳定的地位"（Hyman 1998:62）……
>
> 萨瑟兰认为："[**关于最低工资**] 所提出的实现方法的谬误在于，它假定每个雇主在任何情况下都有义务提供最低工资。"

你还可以使用方括号去掉不必要的词语。在下面的例子中，作者在段落中间省略了许多与她的观点无关的词语。当她在省略号之后再次接续上文时，只需要一个代词（他们）来确定引文前半部分的主题：

> 事实上，政策顾问专家是自由放任的专业批评者重新组合并重新塑造其影响力地位的基础……[**他们**] 通过大量占据大学教授职位和政府服务专家之间的社会空 161
> 间，建立了新形式的权威。

概述与转述

如果你没有直接引用资料的充分理由，你可以选择概述或转述。什么时候应该转述？当你想抓住一个句子或较长的段落的基本细节，但精确的措辞并不重要，或者资料中使用的语言并不适合你的语境之时。例如，你想在文章中描述一项研究是如何进行的，但研究的作者使用了非常专业的语言，你的读者可能无法理解。此时将转述视为某种翻译：原文作者是根据他们的语境写作的，而你的语境与其并不相同。你要用适合自己的写作语境的文字，以忠实于原文意义的方式改写段落。

什么时候应该概述？当你想告诉读者你在原文中读到的内容，但不需要展示过多细节之时。你可以将一个完整的段落缩减为一两句话，或者用几句话概括整个章节的要点。你甚至有可能有机会在一个段落中解释整本书的要点。因为你要减少文章的篇幅，所以你要把重点放在**对你的目的来说**重要的内容上。

处理概述写作中的专业术语

学生们在写概述时往往对自己选择的词语不够重视。一旦你有了概述的草稿，请退后一步，寻找专业术语。词汇——没有专业知
162 识的人不可能理解的单词、短语、缩略语或首字母缩写词。对于你找出的每一个术语，问自己这些问题：这对我的论文重要吗？我是否需要多次使用它？除非你对这两个问题的回答都明确是“是”，否则让读者学习这些术语是不合理的。你需要用读者能够理解的语言来代替这些术语。

这并不意味着你应该总是避免使用技术性语言。这通常是合理的——尤其是如果避免使用这些术语会让你的文章变得啰唆和重复。但请记住，你可能需要告诉或提醒**你的**读者这些词语的含义——即使这样做对资料原文的读者来说可能并不需要。如果在这种情况下，那就花点时间把它做好：定义这些术语，拼出缩略语等。如果你认为需要几句话以上的篇幅，或者这似乎会打断你的写作，那就在脚注中说明。

学生们经常会接到这样的作业：在没有任何**上下文**的情况下概括课文内容。这是毫无意义的作业。不存在**一般所说**的“写”得好的概述。你需要包含多少细节，应该使用哪些词语，完全取决于你的写作对象和写作目的。如果你的写作对象是社会学某个子领域的专家，那么你可以只用几句话就能有效地概括一份研究报告。如果想和从事该领域以外工作的社会学家进行有效沟通，那就要用稍多的篇幅和较少的专业语言来概述。如果你的读者完全没有受过社会学方面的培训，那你就需要相当大的篇幅和尽量少的术语来概述一份研究报告。

因此，如果你被要求撰写概述，请先了解背景：概述是写给 163
谁看的？他们为什么要读？一旦你了解了修辞背景，就可以用它来指导你的决定。问问自己：“**我的**读者需要知道什么？哪些细节可能对原文读者很重要，但对我的读者却无关紧要？”

选择资料

虽然你在撰写社会学论文时会用到许多不同类型的资料，但我们认为重要的区别在于以下三大类别：

1. **理论著作**：这些著作侧重于社会学中“如何”和“为什么”的问题。它们提供了基本思想，引导我们理解这一领域、提出问题以及如何解释收集到的数据。

2. **研究报告**：这些是研究人员撰写的介绍新研究的论文（有时是书籍）——他们做了什么，如何完成以及他们认为这意味着什么。研究报告是我们了解人们如何实际互动的知识来源。

3. 其他材料。

我们将跳过第一类——因为（1）本书篇幅有限；（2）对于你在社会学课程中要写的几乎所有内容，你的教授都会指定或指导你去找相关的理论材料。如果你在选择理论资料时需要帮助，请向你的指导老师咨询。

经同行评审的研究：黄金标准

对于研究文献，你的教授可能会认为有一个特征比其他任何东西都重要：是否经过**同行评审**。与所有科学一样，社会学也
164 有一套成熟的学术出版质量控制机制。尽管很多社会学研究的质量很高，但也有一些可疑和不合格的东西——有些论文“说起来”像研究，但实际上只是带有偏见的宣传文章，数据也是偷梁换柱。对新研究的质量和价值进行甄别是同行评审制度的功能所在。

同行评审的功能就像你可能读过或看过的电影评论一样。观众不会对某部电影是否优秀达成一致意见，但如果《纽约时报》《纽约客》（*The New Yorker*）和《洛杉矶时报》（*The Los Angeles Times*）的评论员都对某部电影“竖起大拇指”，那么这部电影就不太可能是一部烂片。对于研究期刊，编辑会把文章发给（通常）三位学者，他们都是投稿文章所属子领域的专家。他们各自独立审阅文章，并将意见私下反馈给编辑。根据这些评审意见，

编辑决定是否（1）按原样接受文章，（2）要求作者“修改并重新提交”，（3）拒收论文。如果论文不符合期刊的质量标准，或者编辑认为论文的主题或方法不符合期刊的宗旨，那么这篇论文就会被退稿。现在很多论文都要经过多轮修改才能被接受（不错，你的教授也经常要修改自己的文章）。同行评审并不完美；审稿人和编辑都是人，和我们其他人一样容易出错和有偏见。但它是我们目前所知的最好的过滤器。

发表社会学相关研究的同行评审期刊数量相当庞大，而且它们之间存在着明确的“啄食顺序”。虽然没有一个公认的衡量标准来确定哪些期刊是“最好的”，但每个专业社会学家都会承认有几种期刊是绝对的顶级期刊:《美国社会学杂志》《美国社会学评论》和《社会学年度评论》。在这些期刊上发表文章能给作者带来最高的声誉和知名度，文章的审稿人也是从顶级专家中挑选 165
出来的。如果搜集文献时数据库给出的相关搜索结果过多，一种挑选方法是根据期刊声誉进行选择。如有疑问，**请询问你的图书馆员**，这将是他每天最喜欢被问的问题。当然，你也可以问你的教授。如果你想知道某一资料来源是否可以接受，你还可以向他们寻求更好的资料来源建议。教授们通常很乐意帮助那些自己先认真做了一些工作的学生。

社会学顶级期刊

社会学领域备受推崇的期刊很多，我们没有足够的篇幅一一列举，以下是其中的一些：

《美国社会学杂志》(*American Journal of Sociology*)

《美国社会学评论》(*American Sociological Review*)

《社会学年度评论》(*Annual Review of Sociology*)

《理性与社会》(*Rationality and Society*)

《社会学方法》(*Sociological Methodology*)

《社会学方法与研究、人口和发展评论》(*Sociological Methods & Research, Population and Development Review*)

《教育社会学》(*Sociology of Education*)

《社交网络》(*Social Networks*)

《社会问题》(*Social Problems*)

《社会力量》(*Social Forces*)

《法律与社会评论》(*Law & Society Review*)

《婚姻与家庭杂志》(*Journal of Marriage and Family*)

《性别与社会》(*Gender & Society*)

《社会学理论》(*Sociological Theory*)

《社会科学研究》(*Social Science Research*)

《理论与社会》(*Theory and Society*)

《社会心理学季刊》(*Social Psychology Quarterly*)

《宗教科学研究杂志》(*Journal for the Scientific Study of Religion*)

166

其他类型的资料

你的许多社会学写作作业都需要使用学术文献，也就是我们前面讨论过的各种学术资料。但在大多数项目中，你还需要使用其他类型的资料。你需要的资料**类型**取决于你正在进行的写作类型——但资料类型正确并不意味着它就是一个好的选择。这一点适用于任何写作，但在社会学中尤为重要。社会学家研究的主题通常与人们有强烈意见的热点问题有关，也可能对政策有重大影响——如种族和性别平等、青少年行为、教育和公共安全等。强烈意见和政策影响会导致对事实、数据和研究的表述出现偏差。另一个复杂因素是，某些社会学主题的核心关键事实可能在短短几年内发生显著变化（就在我们开始编写本书的前一年，大麻在美国任何地方的娱乐性使用还不合法）。这意味着我们在选择资料时必须特别谨慎。审慎地斟酌资料涉及三个因素：**及时性**、**权威性**和**偏见**。

及时性：它通过嗅觉测试了吗？

一块新鲜的三文鱼几天后就会开始发臭。资料何时开始过期？这取决于资料的性质以及你打算使用它的方式。如果你讨论的是社会学理论，那么尽管涂尔干的《社会分工论》（*The Division of Labour in Society*）出版于 1893 年，但其仍有相当的现实意义。而有些资料在几年甚至更短的时间内就会过时。请看这篇关于网上约会的社会学论文引用的数字：

Match.com 网站拥有超过 1200 万会员（Gibbs 2006）。

167 请注意，这篇论文引用吉布斯（Gibbs）的资料是**最新**信息：“Match.com 拥有……”一个婚介网站的会员数量在短短几年内会发生巨大变化吗？当然有可能。因此，如果是在 2006 年或 2007 年撰写论文，这样的引用还算可以，但现在就有点过期了。另一方面，如果你正在研究在线约会**随着时间的推移发生了**怎样的**变化**，吉布斯的数字可能永远是 2006 年基准数字的一个很好的参考。

所以你看，如果不考虑**如何**使用，就无法判断一个资料是否新鲜。“多老才算老？”这个问题没有简单的答案。你必须用你的大脑和鼻子来判断。好的理论就像好的红酒一样，可以保存很长时间。描述事物**现状**的统计数据更像是不易久存的鲜鱼。研究成果介于两者之间（也许是洋葱？），因为其当前的价值在很大程度上取决于自其发表以来相关研究的进展情况。如果你把一份研究报告当作福音书来引用，而这份报告后来又被许多研究反驳了，那么很明显你没有做足功课。另一方面，引用一项虽然较早但具有突破性的研究，来开创你所讨论的研究方向，则有助于向读者展示你思考问题的基础。

权威性：他们是否有“证书”？

想象一下，你 5 岁的时候，街对面 7 岁的小孩吉米告诉你，让他的狗舔你的嘴是可以的。他告诉你，他的狗的嘴比你的干净。5 岁的你会停下来思考这个信息的来源吗？（“让我想想……一个人需要什么样的背景才能知道这些事？兽医学位？还是公共卫生硕士？”）不可能。五岁的你同样不可能根据吉米过去对你说过的话（“如果你做鬼脸并保持超过五分钟，就会永远是鬼脸”）来判断他关于狗舔人的陈述是否属实。令人怀疑的是，在那条舌头伸到你嘴里之前，你甚至不可能暂停一下想想它舔的是什么。 168

当我们说信息来源应该具有**权威性**时，我们指的是提供材料的人是特定主题方面的权威。你会去吉米家找红色蜡笔吗？当然可以。但要去他那了解人犬病原体转移的事实？不可能。在选择论文中需要的信息或观点时，你也需要有类似的判断力。

对于同行评审的期刊论文来说，权威性并不是一个真正的问题。你可以认为期刊编辑已经考虑到了这一点。但对于其他类型的信息来源，你需要问：“**这**是一个很好的信息来源吗？”如果你追寻的是事实，你最好从这个问题开始：“鉴于我想知道的信息，谁最有可能拥有这方面的专业知识？”然后用你的答案（或图书馆员的答案）来查找权威来源。

在判断资料来源是否具有适当的权威性时，并不是只有你一个人的意见很重要。你应该期望你的读者也持怀疑态度。你的米米（Mimi）阿姨可能对女性假释出狱后更有可能重返监狱的原因了如指掌，但如果你引用美国司法部司法统计局的资料，读者会对你的文章更有信心。使用你**和**你的读者都能接受的资料来源。 169

以下是一些判断权威性的提示。在谷歌时代，只要稍加探究，通常很容易就能弄清这些问题。

- 文章是谁写的？他们的权威证明是什么？你对作者或出版商了解多少？如果是网页，要特别小心，因为任何人都可以建立一个网站，并让它看起来很专业。

- 政府机构可能并不必然是所有信息的可靠来源，但它们比随意选择的网站更安全。如果你要查找政府机构可能发布的信息，请将搜索范围限制在 .gov 网站上（在 Google 上，只需在搜索中添加 site:.gov）。
- 不要混淆数据库和出版商。你通过全文数据库（EBSCO）或爱思唯尔（Elsevier）找到一篇文章，并不能说明特定来源对你的目的有多权威。

170 偏见：是否存在利益冲突？

几年前，我们一个教授的一门课上，学生们正在研究现代电动牙刷是否比老式的手动牙刷更有效。大约有十几篇经过同行评审的相关文章，每篇文章都有一位作者要么为牙刷制造商工作，要么得到了牙刷制造商的资助。但这并不意味着此类研究毫无价值；如果你不去寻找，就很容易错过这些重要信息。而且这很重要：衡量牙刷"有效性"的方法有很多，有些方法比其他方法更有可能产生有利的结果。在确定暴力犯罪是否增加、发放清洁针头是否会增加毒品使用量，或禁欲教育是否会减少少女怀孕方面，情况也是如此。

根据研究内容的不同，可能会有也可能不会有如此明显的利益冲突。但重要的是，要了解谁可能与你使用的各种信息来源有利害关系。比方说，你正在研究警察在某些情况下是否倾向于过度使用武力。你应该依靠谁的数据？警方？自由主义智库卡托研究所（Cato Institute）？某个激进组织？没有完全不带偏见的数据源，但有些数据源显然比其他数据源更有偏见。虽然我们并不总能知道某个信息来源为何以这种方式而不是另一种方式提供数据，但一个成熟的人如果没有充分的理由相信某个信息来源，就会去做一些调查（图书馆员在这方面也很擅长）。

如果你发现各种来源提供的信息相互矛盾，不要绝望。相反，你要认识到，你已经发现了信息传播方式的一些重要之处。这本身就值得向读者解释。

选择资料来源

- **是否及时？**进行嗅觉测试。判断资料是否足够新鲜。
- **是否权威？**检查其资质。使用你和读者都信任的资料来源。
- **是否有偏见？**质疑它。了解消息来源的幕后推手，对他们的动机持怀疑态度。

关于维基百科的说明 171

维基百科当然是搜索资料来源的好帮手，但许多教授并不认为它是学术论文的合适资料来源（尽管研究表明维基百科的质量与标准百科全书相当）。

使用维基百科搜索资料

1. 查找出版商或主办机构的名称。不要引用任何未注明机构或出版商名称的资料——无论是期刊、书籍还是网站。

2. 在维基百科中查证机构或出版商的名称。没找到？那要非常怀疑资料来源的可靠性。

3. 略读维基百科条目，了解该资料来源是否具有合理的权威性，并评估其是否有偏见。

4. 如果资料来源通过了权威性测试，但似乎可能对当前问题有很大的偏见，请图书馆员帮你寻找其他资料来源，与该资料来源合并考察。在论文中讨论某资料来源的材料时，至少要对可能存在的偏见发表评论。

比方说，你想知道与其他孩子相比，在家接受教育的孩子上大学后的表现是否更好。在网上快速查找后，你会发现很多相关搜索结果，其中包括来自以下三个组织的信息：

1. 国家家庭教育研究所（NHERI）
2.《大学入学杂志》（*Journal of College Admission*）
3. 卡托研究所

172 让我们用维基百科进行搜索。首先是快速搜索：没有 NHERI 的条目，因此没有通过我们的测试。那么《大学入学杂志》呢？

该期刊的网站提供了它的上级机构——美国大学招生咨询协会，而该协会在维基百科上确实有一个词条；我们了解到这是“一个由来自世界各地的13000多名专业人士组成的组织，致力于为从中学过渡到中学后教育的学生提供服务。它包括专业的学校辅导员、大学入学辅导员、招生和财政援助官员等”。考虑到权威性和偏见，这似乎是个不错的选择。卡托研究所怎么样？维基百科上也有关于这个机构的条目，它将卡托描述为“一个美国自由主义智库，总部设在华盛顿特区”，其使命是“基于个人自由、有限政府、自由市场与和平原则，发起、传播和增加对公共政策的理解”。一份智库报告将其列入全美顶级智库之列（但并不清楚其衡量标准）。卡托显然是一个众所周知的实体，但鉴于其使命是以“有限政府”为基础，可以肯定的是，它对家庭教育抱有强烈的偏见。

维基百科并不是检查资料来源的唯一选择。你的社会学教授会了解该领域大多数期刊的声誉。别忘了还有图书馆员。他们不仅知道许多资料来源的声誉，还可以向你展示讨论成百上千种资料来源的参考指南。你可以向他们咨询《图书馆杂志》（*Magazines for Libraries*）——一种极好但未被充分利用的资源。

查询资料来源：参考文献列表示例

下面是一篇关于性别不平等的社会学论文的参考文献列表。如果这是我们学生的作品，我们将如何评判这位学生的选择？让我们考虑以下每个资料：

173 1. The Gender Inequality Index (2010). Retrieved November 16, 2010, from http://hdr.undp.org/en/statistics/gii/
2. Gender and society (2007). Retrieved November 16, 2010, from http://www.trinity.edu/~mkearl/gender.html
3. 10 extreme examples of gender inequality (2009). Retrieved November 16, 2010, from http://listverse.com/2008/11/20/10-extreme-examples-of-gender-inequality/
4. The natural basis for gender inequality (2008). Retrieved November 16, 2010, from http://scienceblogs.com/gregladen/2008/12/the_natural_basis_for_gender_i.php
5. Gender inequality: women under stress (2009). Retrieved November 16, 2010, from http://health.howstuffworks.com/wellness/stress-management/women-under-stress.htm
6. Gender inequality begins at 16 (2006). Retrieved November 16, 2010, from http://www.hrmguide.co.uk/diversity/occupational-segregation.htm

资料来源 1 是联合国人类发展报告网站。这似乎是此类信息的良好来源，但事实上，引用并不恰当。它不仅应该包括网页的标题，还**应该**包括主办该网站的组织。如果“联合国”出现在参考文献列表中，我们很可能只看一眼引文就对资料满意了，因为我们对该组织很熟悉。资料很棒，挑大拇指。引文不合格，拇指朝下。

资料来源 2 如何？快速浏览一下页面就会发现，这实际上是得克萨斯州圣安东尼奥市三一学院的一个**学生**项目。我们对撰写这篇论文的学生一无所知，但如果她已经是性别与社会研究方面的权威，她可能不会为了课程作业而做这个项目。资料不合格，拇指朝下！

资料来源 3 是一个相当奇怪的网站——只是随意列出一些东 174
西。除了列举性别不平等的例子之外，我们还发现了“十大邪恶连环杀手”和“蝙蝠侠世界的十大离奇发现”。这可不是什么学术性的东西。我们能相信列出这些榜单的人都是这些领域的专家吗？在网站上稍作调查，我们就不再怀疑，而是彻底无语了：

> Listverse 网站是建立在你这样读者的努力之上的。这些读者没有任何写作经验，但他们决定列出一份清单并将其发送给我们。因此，交易是这样的：我们将为你的努力支付 100 美元。你不需要是专家，你只需要有出色英语、幽默感以及对不寻常或有趣事物的热爱。

资料极其不合格，四次大拇指朝下（此外，他们的“出色英语”标准甚至不包括正确的标点符号）。

资料来源 4 有点棘手。这是一个“科学博客”，但博客的主办方不是我们熟悉的组织。没有说服力。

资料来源 5 位于“How Stuff Works”网站上，无法判断这些文章是谁写的。如果要回答“凯夫拉尔山地自行车轮胎是否物有所值？”或弄清“如何在没有塞子的情况下疏通马桶”等问题，这可能是一个不错的来源。但作为学术论文的资料来源不合格。

最后是第6条：这一条差点成为赢家。网站的“关于我们”页面没有提供什么有用的信息——只告诉我们“HRM Guide是一家独立的在线出版商，提供有关人力资源管理及相关主题的文章和信息”。我们还了解到，“(几乎)所有HRM Guide网站页面都接受广告”。没有太多可查之处。不过，在引用页面的顶部，我们发现了以下内容：

> 175 平等机会委员会（EOC）的一份报告显示，教育和工作中的性别不平等从16岁就开始了。在普通中等教育证书（GCSE）考试中，男女生学习大多数科目的人数大致相同。女生成绩很好，但一旦考试结束，男女生就会迅速转向传统的“男性”或“女性”科目。

“平等机会委员会”**确实**出现在维基百科上，我们从中了解到它是“英国一个独立的非政府公共机构，负责解决性别歧视和促进性别平等”。可惜的是，这篇论文没有引用平等机会委员会的报告。这**本来**会是一个很好的选择。

第八章

资料引用和避免抄袭

CITING SOURCES AND AVOIDING PLAGIARISM

176 在第七章中，我们讨论了如何选择和有效使用资料。你还需要知道为什么、在哪里以及如何引用资料。这意味着要学习在文章中引用资料和在结尾处列出参考文献的惯例。本章将介绍这些内容。

为什么要引用

社会学家引用资料有很多原因。你可能对其中两个原因比较熟悉：避免抄袭和为他人的工作点赞。但你可能还不太了解引用资料在**知识和修辞**方面同样重要的原因。即使不涉及法律或道德问题，社会学家仍会引用资料，而且引用非常多。

引用的其他用途涉及修辞策略——通过使用资料来清晰有效地展开我们的观点和论证 。社会学家引用权威来源的统计数据，以便读者接受。他们引用研究论文来证明他们所选择的方法是正确的，或说明他们的观点或数据如何增加了新的内容。他们之所以引用，是因为社会学和所有科学一样，是一项巨大的、缓慢发展而参与广泛的活动。为了使自己的工作得到认真对待，研究人员必须结合前人的研究成果来解释新的发现。

为什么要引用

- 合法：避免抄袭。
- 道德：给予他人应有的肯定。
- 修辞：
  - 增加可信度。
  - 以他人作品为基础。
  - 与他人作品进行比较。

何处引用

某些类型的文章，如杂志文章和报纸报道，在结尾处不必列出资料来源。这些文体的作者必须在文章中注明其资料来源的任何必要信息。与此相反，大多数学术论文和许多类型的专业写作都会在文末的参考文献列表中列出完整的引用资料。对于这些类型的文章，作者会在论文中加入简短的“文内”引用，引导读者在参考文献列表中寻找特定资料来源。

写作新手往往认为文内引用是最简单的部分。毕竟，参考文献列表对标点符号、卷号、期号、版本等都有详细而多样的要求。但有经验的写作者却不这么看。一旦掌握了技巧，制作参考文献列表就是熟练工种：你必须正确处理一些细节，但不需要太多的思考。相比之下，文中引用有很多选择。你是将引文信息放在被引用材料的末尾还是其他地方？是否包括页码？作者姓名？论文或书籍的标题？出版物或机构名称？其中有些惯例是由引用

178 样式决定的。另一些则遵循学科惯例。还有一些则是出于修辞上的选择，即你决定哪些细节在那时与读者有关或有说服力。鉴于有这么多的选择，学生们经常会对文中引用的位置和内容感到困惑，这也就不足为奇了。

对于社会学来说，在**什么地方**放置文内引用参考文献信息，在一定程度上取决于你**如何**使用被引用的材料。社会学家通常会将文内参考文献信息，或直接放在引用材料起始处（尤其是在明确引用作者姓名的情况下），或放在引用材料的末尾。第七章“使用资料的方法”一节中的分类在这里很有用。虽然在实践中肯定会有一些随机性，但这是一种典型的模式：

- 如果将资料用作背景——将引文信息放在引用材料的末尾。
- 如果你将资料用作论据 、理论或方法来源——在文中直接引用作者姓名，将引文信息放在作者姓名之后。

下面是一些例子。

背景资料（在该资料后标注引文信息）：

> 随着城市化和工业化不断发展，鉴于现代经济对高技能劳动力的需求，基于特殊标准（如种族）的雇佣决定难以为继（**Hogan and Featherman 1977**）。

论据和理论资料（在作者姓名后直接注明日期）：

我之所以把重点放在就业困难的种族差异上，至少 179
有两个原因。首先，失业率作为劳动力表现的衡量标准一直受到批评……例如，**伦吉林等人（1977）**在对南部四个农村县的研究中发现，失业率一直很低（约3%），而"不充分就业"却影响了40%以上的劳动力。同一时期，**莱维坦和塔格特（1973）**报告的全国不充分就业率约为11.5%。显然，失业率最大限度地降低了南方非大都市中所有与就业相关的困难的绝对程度和相对程度。

方法资料（在作者姓名后直接引用）：

正如下一节所述，**克洛格和沙利文（Clogg 1979; Clogg and Sullivan 1983; Sullivan 1978）的"劳动力使用框架"**（LUF）提供了一个有用的分析工具，可用于实现改变黑人就业相关问题的几个目标……

下例显示了社会学研究报告中典型的文内引用组合。还要注意作者是如何将概述、转述和直接引用结合起来的。

很难预测种族趋同性的未来模式。关于青少年和学龄人口中跨种族友谊关系和网络的文献（Goodreau et al. 2009; Wimmer and Lewis 2010）几乎没有提供关于种族

趋同性的时间或生命周期变化的确凿证据。然而，种族
180 趋同性的差异很大。例如，**麦克弗森等人（2001）的研究表明**，白人比其他种族和族裔群体拥有更多的种族同质性网络。**史密斯（1999）同样报告说**，只有 6% 的白人和 15% 的黑人有另一个种族的亲密朋友……

事实上，**卡奥和乔伊纳（2006:972）提供的证据表明**，“与同种族（不同民族）和不同种族的同伴相比，同民族的同伴具有压倒性的偏好”。他们还证明，当接触机会增多时，跨种族友谊的数量也会增加。

美国社会学协会文内引用建议

在接下来的“如何引用”部分，我们将介绍使用美国社会学协会（ASA）引用样式的具体方法。但在谈及文内引用时，以下是使用美国社会学协会引用样式时需要注意的一些事项。

如果你在文中提到了作者或出版机构的名字，请不要在引文信息中重复。

不是这样：伦吉林等人（Rungeling 1977）发现失业率一直很低……

而是这样：伦吉林等人（1977）发现失业率一直很低……

在概述研究文献时，你有时会在同一句子中引用多个引文。

如果你的每个子主题或因素都有不同的资料来源，那么让读者知道哪些材料来自哪个来源就很重要。将每个引文信息放在与该来源相关的材料的末尾，而不是一起堆在最后。

不是这样：此外，饮酒和约会预示着向成年过渡 181
的风险和奖励。尤其需要指出的是，早期和频繁饮酒是引起许多成年后健康问题和适应性后果的危险因素，包括成人酗酒、性冒险、抑郁、暴力和教育程度下降（Bonomo et al. 2004; Hingson et al. 2003; Windle and Davies 1999; Felson, Teasdale, and Burchfield 2008; Staff et al. 2008）。

而是这样：此外，饮酒和约会预示着向成年过渡的风险和奖励。尤其需要指出的是，早期和频繁饮酒是引起许多成年后健康问题和适应性后果的危险因素，包括成人酗酒（Bonomo et al. 2004）、性冒险（Hingson et al. 2003）、抑郁（Windle and Davies 1999）、暴力（Felson, Teasdale, and Burchfield 2008）和教育程度下降（Staff et al. 2008）。

如果你在同一句子中引用了同一作者的两部作品，请仅包含一次作者姓名。

不是这样：借鉴社会学习理论、网络科学、**格拉诺维特（1973）和格拉诺维特（1983）**，我们认为恋爱伴侣很可能起到网络桥梁的作用……

而是这样：借鉴社会学习理论、网络科学和**格拉诺维特的**开创性工作（1973, 1983），我们认为恋爱伴侣很可能起到网络桥梁的作用……

对于整段引文（用缩进而不是引号标识的较长段落），你可以将引用信息放在整段引文之前或之后。下面是前者的一个例子（注意括号中的日期和页码）：

182 **莫里斯（2008:738）**记录的英语课上几个男生之间的对话也体现了这一点：

> 凯文："我不想花太多精力。我只想做好基本功课，拿个B。"他自豪地说："我在这里得了87分。"沃伦也附和道："是啊，我讨厌这些考了A—还抱怨的娘们。"凯文说："是啊，你为什么要在乎呢？为什么一定要更好？一般成绩没什么不好！"

虽然民族志研究记录了性别认同构建中的性别内多样性，但证据……

另一种方法是在整段引文前注明来源名称和日期，在引文末尾只标注页码。如果你想确保读者在阅读引文时知道出处，这是一个不错的选择。在下文例子中，审计总署被认为是一个权威来源，因此作者选择在引文之前说出该组织的名称，以明确引导读者对引文的看法：

> 美国移植的大多数器官来自尸体捐献者。**审计总署**的一份报告（1993）描述了这一过程：
>
>> 器官捐献依赖于自愿和慷慨，以及在家庭成员处于丧亲之痛的压力下进行的募捐和决策……如果家属同意捐献，器官移植办公室的工作人员会协调与器官获取有关的其他活动，包括摘取和保存器官 183
>> 以及安排器官的运输（**pp. 17—18**）。

最后，如果你没有在整段引文前明确提及来源，请将所有引文信息放在引文段落的末尾：

> 一个对“阶级结构和从众”的经典研究就是典型的例子，说明了一个人的开放态度是此人教育和职业自我定位的结果。
>
>> 不同社会阶层的成员，由于享有（或遭受）不同的生活条件，会以不同的方式看待世界，形成不同的社会现实观念、不同的愿望、希望和恐惧，以及不同的“可获得的观念”（**Kohn 1969:7**）。

如何引用

本章至此，我们已经讨论了为什么要引用以及在哪里引用。在此，我们将讨论记录资料来源的基本要素，即如何让引文看起来像引文应有的样子。

格式化引用的不同方法被称为“样式”（这很容易混淆，因为它们实际上更像是格式）。关于引用样式，最重要的（也许也是最烦人的）一点是，不同学科通常使用不同的样式。当你开始上大学一年级时，你可能会认为现代语言学会（MLA）样式是**你的**格式。毕竟，这通常是中学唯一教授的格式——至少在美国是
184 这样。但是，如果你看看各学科学者每年出版的数以万计的书籍和文章，其中大多数并**没有**使用现代语言学会的样式。

提示：不要等到最后定稿时才列出资料来源

学生们通常认为，列出资料来源是写作中微不足道的一部分……只是在最后一刻要做的一些整理工作。这样做有两个问题。一种情况是，你可能会为被指控抄袭而苦苦挣扎：“是的，教授，我确实转述了我的一个资料的那部分内容……但我打算稍后标注出引用。**真的**是这样。”另一种情况是，这样做会向那些一直为你提供指导的人隐瞒你工作的重要部分。如果你的指导老师（或其他给你反馈意见的人）看不到你使用的资料来源，他们怎么能告诉你这些资料来源是否合适或有说服力呢？

虽然可以等到临近结束时才正确地格式化引用信息，但至少要

在写作过程中加入占位引用信息。一种方法是在正文的适当位置插入一个独特的标识符，如 [参考文献 AAA]，并在结尾处加上该标识符的速记引用信息（如果有网址就再好不过了），像这样：

AAA：http://www.asanet.org/abcde/.pdf

美国社会学协会是美国社会学家的官方组织，它有自己的引用样式，称为 ASA。这是你的社会学教授最有可能要求使用的样式，因此我们在此对其进行详细介绍。但请注意，有些社会学期 185
刊和出版商使用其他引用标注系统，你的教授可能更喜欢这些系统。《社会力量》期刊使用芝加哥引用样式，而《婚姻与家庭杂志》这本多学科期刊则使用经过修改的美国心理学协会（APA）样式。请确保你了解每位教授的要求。如果你的教授没有指定一种引用样式，请从主要的社会科学样式中选择一种并统一使用。对于社会科学作业，不要使用人文学科的引用样式（尤其是使用脚注而不是参考文献列表，以及使用“ibid”和“op.cit.”等拉丁文术语的引用样式），但 APA 或芝加哥样式也可以。现在几乎每所大学的图书馆都有主要引用样式的在线指南。

提示：使用引文管理系统

在我们上大学的时候，我们不得不学习每种必须使用的引用样式的所有细节。但现在有电脑应用程序可以帮你做到这一点，它们被称为引用管理系统。它们可以按照你选择的任何样式输出你的参考文献列表，并将所有斜体和冒号处理得恰到好处。在我们写这篇文章的时候，流行的系统有 Zotero、RefWorks、Endnote 和 Mendeley。你的图书馆可能至少支持其中一种。聪明一点，现在就请图书馆员帮你开始使用，这样你就可以在以后的学习生活中为自己省去很多时间和麻烦。

ASA 引用样式简要指南

社会科学引用样式分为两部分：(1) 文内引用——你如何在论文中标明资料来源；(2) 文末参考文献列表，其中包括你参考的所有资料来源。我们将对这两部分进行说明。

186 ## ASA 文内引用

你的大部分引用都是文章或学术著作。对于 ASA，你必须注明作者姓氏和出版年份。表 8.1 告诉你如何处理大多数引用情况。

表 8.1　ASA 处理方式及示例

情况	处理方式	例子
如果句子中没有作者姓名	请在括号中加上作者姓名和时间	经济和可获得伴侣的限制可能会导致低收入成年人在生命过程中晚婚或不婚（Edin 2005）
如果你已经提到了作者姓名	括号中应只包括时间	格尔森（1985）在其关于女性生活选择的理论中指出，所有选择都是在女性社会条件的背景下做出的……

续　表

情况	处理方式	例子	
如果有两位作者	在姓氏之间使用“和”	因此，识别出联络人提供了一种有吸引力的方法，方便了解药物使用行为如何在低密度或高度集中的友谊网络中传播（Henry and Kobus 2007）	
如果有三位作者	**第一**次引用本资料时，请注明每位作者的姓氏	然而，学者指出，无论父母之间是否仍有感情，共同生育一个孩子往往会在他们之间建立持久的联系（Roy, Buckmiller, and McDowell 2008）	187
	第一次引用之后，使用速记符号“et al.”（表示“等人”）	然而，证据也表明，父亲对自己的子女有着极大的社会兴趣（Roy et al. 2008）	
如果有四位或更多作者	每次都请使用“et al.”	（同上）	
如果你同时引用多个资料	用分号分隔每个资料来源	对行为相似度的解释，需要从同伴影响中区分出同伴选择效果（即趋同性）（McPherson, Smith-Lovin, and Cook 2001; Valente et al. 2004）	
如果你引用或讨论的是某一页或某几页	请在日期后加上页码，中间用冒号（不要空格）	关于自己的宝贝女儿，一位父亲说，重要的是“参与她的日常生活……至少在第一年或差不多那时候”（Reed 2006:123）	188

ASA 参考文献列表

ASA 引用样式的条目按作者姓氏的字母顺序排列。对于由个人而非组织撰写的条目，除非资料来源中只列出了姓名首字母，否则应列出名和姓。对于第一作者或唯一作者，将姓氏放在前面。对于后面的作者，则将名放在前面（不要责怪我们，这不是我们编写的）。

每种资料来源都有自己的格式，见表8.2。以下是常见的情况，但要了解完整的细节，请参阅 ASA 网站或你学校的图书馆网站。

书籍的格式：

作者 1（姓氏 , 名字）, 作者 2（名字 完整的姓氏）, and 作者 3. 出版年份 . **出版物名称**（斜体）. 出版者的城市和州（如果是外国出版者，则为国名）: 出版者姓名 .

期刊论文的格式：

作者 1（姓氏 , 名字）, 作者 2（名字 完整的姓氏）, and 作者
189 3. 出版年份 . ”文章标题 .” **出版物名称**（斜体）卷号（期号）: 文章页码 .

表 8.2　ASA 格式

资料来源类型	参考文献列表示例
书籍	Wilson, William J. 1990. *The Truly Disadvantaged*: *The Inner City*, *the Underclass*, *and Public Policy*. Chicago: University of Chicago Press.
期刊文章 / 期刊	Felson, Richard, Brent Teasdale, and Keri Burchfield. 2008. “The Influence of Being Under the Influence: Alcohol Effects on Adolescent Violence.” *Journal of Research in Crime and Delinquency* 45（2）: 119–141.

续　表

资料来源类型	参考文献列表示例
组织作者	National Longitudinal Study of Adolescent Health. 2001. *Network Variables Codebook*. Chapel Hill: University of North Carolina.
网站	US Department of Justice, Bureau of Justice Statistics 2014. "Data Collection: National Crime Victimization Survey." Retrieved December 19, 2014（http://www.bjs.gov/index.cfm?ty=pbdetail&iid=4905）.

我们相信，你很快就会遇到此处未涵盖的情况。请上网查找解决方案。但是，如果你能遵守这些基本规则，你的论文就会给教授留下学术性和严肃性的印象。你不会希望随意地使用这些做法，因为这看起来很粗心。

一些特殊情况

在某些情况下，你可能需要引用不属于我们所讨论类别的资料来源。下面是一些常见问题的处理。

如果资料来源没有作者怎么办? 190

政府、非营利机构或公司出版的出版物通常会出现这种情况。在这种情况下，组织名称就代替了作者姓名。

我需要包含页码吗?

只有在直接引用或紧密转述，或讨论书中特定部分的材料时才需要。对于文中引用，请在日期后直接注明相关页码。

什么情况下应该使用整段引文?

ASA 引用样式要求超过四行的引文应使用整段引用。整个引文段落使用单倍行距并缩进。不需要使用引号！四行或四行以下的引文应使用常规页边距，放在正文中，并用引号隔开。

如果信息或想法来自与我直接交流的人，而不是公开发表的资料来源，该怎么办?

请在脚注中注明来源，例如：

> 与乔治敦大学历史和伊斯兰研究教授伊冯娜·哈达德的个人通信。

引用网络资料

直到最近，我们引用的资料都是印刷在实体纸张上的——有页面……和页码。尽管越来越多的纸质文件被数字化，而且新出版的资料往往只存在于网络上，但引用格式仍然一切如旧。这可能会造成一些混乱。以下是一些需要注意的事项：

印刷版和网络版

目前，许多书籍和大多数学术论文都同时存在于纸质世界和
191 数字世界中。如果有印刷版，通常应引用印刷版内容（包括卷

号、页码等）。尽管你很可能在网上阅读期刊文章，但我们仍然认为纸质版才是**真正的**期刊。我们通常会像引用纸质版一样引用此类文章——只不过我们会在引文末尾添加信息，说明我们是在何时何地从网上获取的。

作为资料来源的网页

越来越多的非学术资料仅以网站形式存在。传统意义上的标题、出版者、页码甚至作者等标准引用要素要么不存在，要么没有明确标注。因为引用网页既常见又容易引起混淆，所以让我们仔细研究一下如何在 ASA 引用样式中引用网页。基本原则是，既要明确主办机构是什么，又要明确你引用的是哪个（些）具体网页。

文内引用

- ✓ **不要**将链接（URL）放在正文中，只放在参考文献列表中。
- ✓ **请**在正文中引用资料来源，就像引用印刷资料来源一样：（作者或机构名称，日期）。

参考文献列表

- ✓ **不要**用链接（URL）代替参考文献列表中的引用信息。链接只是要求的一部分。
- ✓ **请**在其他引用信息后附上链接和你浏览该网页的日期，如下所示：<日期>（URL）。
- ✓ **不要**仅使用组织名称或页面标题作为引用信息。
- ✓ **请**在参考文献列表中注明机构名称和具体页面的标题。

192 **提示：不要在参考文献列表中包含图书馆数据库的名称**

当学生们使用图书馆数据库找到一篇文章时，他们通常会在引用中包含数据库名称——Socindex、JSTOR、Web of Science 等。不要这样做——至少在使用 ASA 引用样式时不要这样。图书馆数据库只是一个查找资料来源的工具；它与作者没有任何联系，在出版过程中也不起任何作用。假设你需要引用《美国社会学评论》中的一篇文章，你碰巧通过 JSTOR 的链接找到了这篇文章，但你也可以通过 SAGE 期刊全文数据库找到它。或者，教授也可以通过电子邮件将引文或文章链接发给你。你的读者并不关心你是如何找到这篇文章的。他们只需要引用信息。

避免抄袭

为什么我们要在“资料”一章中讨论抄袭问题？因为如果学生们**不是**故意作弊，遇到这种麻烦通常是因为他们没有正确使用或引用资料。

避免拼贴

“拼贴写作”指的是将大段引用或紧密转述的文字与学生自己的小段文字“拼贴”在一起的伪写作。你们的教授通常会发现这种
193 情况：学生在最后一刻试图用他们还没有真正理解的资料来完成论文——可能也没有真正阅读。拼贴不仅是糟糕的写作，还会给你带

来麻烦。

原因在于：当你为了让自己的论文更长而大量使用别人的文章时，你有两种选择，但这两种选择都不好：一种是清楚地引用所有未消化的材料——让老师知道你自己确实没怎么写作（或思考）；另一种是尽量少显示引用，故意混淆哪些是资料，哪些是自己的作品。这种欺骗行为可能会被解释为抄袭，即使你标记了一些引用信息。避免拼贴的最佳方法是在截止日期之前提前开始工作，做好笔记，并围绕自己的想法撰写论文。有关如何做好这一点的更多信息，请参阅“风格”一章。

拼贴写作

除了赤裸裸的作弊（你知道那是什么），最常见的抄袭问题是学生进行**拼贴写作**（也称**拼凑写作**）。拼贴写作的名称来源于学生“拼贴”他人所写的大段文字的方式——自己几乎不进行实际写作。这可能表现在社会学理论课程的指定论文中，即不必要地过长地引用涂尔干、马克思和韦伯的文本；或者表现在图书馆文献研究论文中，即把社会学研究报告中的段落长篇累牍地拼接在一起。或者也可能表现为从某个资料中摘录大段文字，改动几个词（有时包括文内引用，有时不包括），然后冒充适当的转述（其实不然）。无论具体情况如何，如果你的论文大部分内容都是 194
引用和转述别人的文章，而自己的想法或观点相对较少，那么你就是在进行拼贴写作。

由于拼贴写作非常普遍，因此值得思考学生这样做的原因。

这可能是因为你认为自己对该主题的了解还不足以提出自己的想法，因此几乎完全听从专家的意见。如果你成长的文化背景中的写作习惯或价值观与西方学术规范不同，就更有可能出现这种情况。或者，你还没有掌握成功的社会学写作所需的重复使用他人作品的技巧——引用、转述和概述（有关基础知识，请参见第七章：选择和使用资料）。

还有一种可能：拖延。社会学论文已经拖了好几周没写了，现在时间紧迫，而你对材料的了解又太少。于是，你慌忙从资料中寻找至少与主题相关的段落。作业要求至少写 10 页，而你只有寥寥两页纸的想法，所以引文或转述越长越好，对吧？因此，你的论文中几乎没有**自己的内容**。如果你因为交了这样一篇论文而被指控抄袭，那你可能是罪有应得。虽然你交上来的论文不是别人写的，但也不是你自己写的（如果你是家具设计比赛的评委，你会接受用宜家套件组装的椅子吗）。

没有人能在交稿前一晚写出超过一页的好的大学水平论文。把自己置于这种境地会让你做出非常不妙、绝对糟糕的选择。你的学校可能有一个学术咨询办公室。他们可以在很多方面帮助你更好地完成学业，包括时间管理。这都是免费的，好好利用。真的值得。

195 什么情况下剽窃不是真正的剽窃

你现在可能已经明白，学术写作并不是一种特定的体裁。文学教授撰写的论文和布置的写作作业与物理教授不同。这两者与社会学教授发表的论文和要求学生撰写的论文也不尽相同。但有一点你可能不知道：在剽窃的定义上也有很大的不同。

虽然有点过于简单化，但把各种学术写作看作是介于“散文”和“报告”之间的一种类型还是很有用的。散文家认为他们的写作既是艺术作品，也是学术著作。他们追求表达的真情恳切以及思想的原汁原味，并对同事和学生抱有同样的期望。当人文学科教授要求你写一篇“散文”时，这就是你所处的世界。与此相反，科学领域（包括社会学）的人一般认为他们的写作主要是交流思想和研究成果。他们经常提到“报告”或“写出”他们的工作。这些学者确实注重写作，注重尽可能清晰简洁，但他们并没有把写作当作艺术品的意识。由于对文章的态度不同，报告作者有时会重复使用以前发表的材料中的一小部分。这就是所谓的**文本再利用**。

文本再利用

虽然散文家会对在新散文中重复使用以前发表的作品中的大段文本嗤之以鼻，但报告撰写者通常会将这种做法视为追求合理的效率和有益的一致性问题。例如，你在最近的研究项目中使用的抽样程序与你在以前的研究中使用的程序几乎完全相同。既然你可以很容易地改编你为以前的工作所写的程序说明，为什么还要写一个全新的程序说明呢？

以下是你应该知道的关于社会学课程**文本再利用**的一些注意事项。首先，与其他学科相比，社会学的研究和写作实践范围更广。有些社会学作业会要求撰写类似散文的文章（如民族志或经 196

验论文）；其他作业，尤其是医学、商业或心理学子领域的作业，可能会要求撰写类似于某些医学期刊报告的文章。无论后者是否允许再利用，前者都不太可能接受再利用。

其次，社会学中的文本再利用只在少数特定情况下可以接受。以下是常见的几种情况：

- 从资助申请书到研究报告：如果研究是通过基金资助的，那么为资助申请书撰写的材料通常会在研究完成后撰写的报告中重复使用。
- 在导言部分：作者在自己先前研究的基础上撰写论文时，可能会改编自己（或其研究小组）先前论文中的材料，解释研究目的或回顾文献。
- 在方法部分：关于数据库、抽样技术或统计方法的技术性说明可能会从自己以前的论文中或从你正在使用其资源（如调查或数据库）的组织中抽取再利用。

但是，即使是在这里描述的情况下，逐字逐句的重复使用也只有在有关措辞是**你的**语境——与来源的修辞语境不同——的最佳选择时才有意义。例如，你正在使用的数据库网站可能会详细描述抽样过程，但这并不意味着**你的**读者需要所有这些信息，也不意味着他们会理解原文中使用的技术术语。

197 特别是在学校环境中，有关文本再利用的决定应始终慎之又慎。虽然在某些专业写作场合，**文本再利用**是可以接受的做法，但它很可能与学校的荣誉准则相违背，因此可能被视为抄袭。如果你认为再利用某个段落是你作为写作者的最佳选择，请询问你的指导教师或导师是否允许再次使用该材料，以及这是不是一个好的写作选择。

如果你选择在为某门课程撰写的论文中再利用某材料，我们强烈建议你向指导老师明确说明论文中哪些材料是再次使用的。以下是一个很好的程序：

- 用灰色（灰色会在打印稿上显示出来）突出显示所有再次使用的段落。
- 每个段落都要加上脚注：（1）说明突出显示的材料是从其他地方复制的；（2）标注引用来源，包括页码。

遵循以上做法有助于保护你避免被指控抄袭。这也为你的导师提供了一个机会，让她（他）帮助你了解在他们的专业领域中再利用的细微差别。

文本礼物

社会学家还可以有另一种方式合法地使用他人的措辞而不注明出处。与文本再利用不同，这种方式适用于整个学术界。几乎每个从事专业写作的人都知道从值得信赖的同事那里获得反馈的价值。在提交一篇重要的文章（无论是资助申请书、研究报告还是书稿）之前，大多数社会学家都会向他人征求对其工作的真诚而有建设性的反馈意见。

在反馈意见里提到的各种问题中，有些意见可能会为某个短 198

语甚至整个句子提出替代性措辞。建议的文字可能比作者原来的选择更容易理解，也可能避免了作者没有考虑到的不良联想。我们可以把这种无偿提供的材料称为**文本礼物**。

接受这种文本礼物的人通常不会以任何方式报告特定文本的出处。赠送的材料不加引号，也不标注引用。唯一的例外是，如果建议的某段文字最终以某种方式对作品起到了重要作用——也许是关键短语或隐喻，在这种情况下，作者可以在致谢中感谢这位同事，但必须是非常重要的贡献才值得如此特别对待。你要告诉你的读者，这个词或短语是你思考这个主题的“恍然大悟”方式。

根据作业的目的和教授自己的喜好，他们可能会鼓励你就初稿获得反馈意见，也可能明确禁止你这样做。如果是后者，那你就没礼物可收了。如果是前者，请向你的教授咨询，这样你就能知道在获得对你正在进行的工作的反馈时，什么是允许的，什么是不允许的。

第九章

风　格

STYLE

199 “好的，巴赫（Bach）博士，你告诉学生们他们**永远都不能**用第一人称。”

“哦，好的！我甚至会说，用‘我’或‘我们’是完全**错误的**！……因为，嗯……因为谁做的研究根本不重要！”

“好极了！那第二天伯顿（Burton）博士就会告诉他们，他们必须用第一人称，因为……让我想想……”

“我知道了：因为用‘我’就承认他们的观察是……等等，我忍不住要笑！他们的观察是主观的，明显受到自己……呃……经验和偏见的影响。”

“哦，琳达，这太有趣了！”

“我永远都不会厌倦。”

你可能偶尔会偷偷地怀疑你的社会学教授在跟你玩修辞游戏。不过，社会学写作惯例之所以显得反复无常，也确实存在一
200 些有说服力的原因。其一是这些惯例会随着时间的推移而改变。其二是当可能的惯例选项中没有明显的优势或偏好时，写作者就会时而选择这个时而选择那个，最终造成前后不一致。但主要原

因却在这里：许多风格化习惯，包括语气和人称的习惯，都取决于语境……而我们的教授往往忽略了告诉学生，我们的指导只适用于特定的情况。当然，一些用心良苦但却误入歧途的人写书或制作网页，来说明这些写作事务的“规则”——好像它们是简单的事情，只要学一次就可以在任何地方以同样的方式应用，却也是枉费心神（这些自命为规则制定者的人为什么不**看看**过去 50 年来一些真正的论文，看看它们究竟是怎么写的呢）。

因此，你有充分的理由感到困惑，甚至怀疑。我们不难想象，学生们正在进行这样的对话：

> “伯顿博士……她是不喜欢第一人称吗？”
>
> “不，那是贝尔（Bail）教授。我敢肯定伯顿博士**喜欢**第一人称。”
>
> “是啊，伯顿是这样的。但是贝尔，他就是个疯子！他在我论文的一个部分写了评语，告诉我应该用过去式。然后，在另一部分，他把我的一堆过去式动词改成了**现在**式！”

某些社会学教授可能**确有**癫狂，但我们希望本章能帮助你理解典型的风格变化是上下文作用的结果，而不是你导师的突发奇想。我们还将就如何创作清晰、有效的文章提供一些指导。 201

第一人称：我、我们、我的、我们的

社会学写作中第一人称代词的使用很复杂。让我们从一个重要的区别开始：你的写作是（a）社会学研究人员的写作类型，如研究报告或研究申请书，还是（b）主要由学生完成的写作类型，如我们在第二章中讨论的课堂作业？

如果你的作业属于后一类，那么你在决定使用第一人称时应遵循你的教授提出的任何偏好。除此以外，第一人称的使用应根据你作为作者，在写作项目中所处的地位。对于以讨论和分析他人文章为中心的作业（例如，用一个案例来说明一个理论），你与其说是故事中的人物，不如说是叙述者。在这种情况下，除了表明自己的观点、主张或解释外，请避免使用第一人称。与此相反，更广泛地使用第一人称适合于写关于自己的体裁——比如实习报告和用个人经历来说明概念的论文。事实上，在写这类文章时，如果不使用第一人称，就会显得很突兀。

学术研究写作中的第一人称

对于社会学研究体裁来说，情况要复杂得多。第一人称的使用往往遵循复杂的惯例，取决于结构（在论文中出现的位置）和修辞目的（作者此时想要做什么）。

了解教授对第一人称的偏好 202

使用第一人称的偏好是有代沟的：白发苍苍、满脸皱纹的名誉教授可能比刚获得博士学位、面容清秀的教授更少使用第一人称。如果你不确定导师的偏好，可以（尽可能礼貌地）询问以下哪种类型最符合他或她的期望：

老派：喜欢在导言、结果和讨论部分偶尔使用第一人称，如后面所述。在方法部分很少或几乎不使用第一人称。

中间派：喜欢适度使用第一人称；与“老派”相同，但更多地使用第一人称——在方法中也会多少使用一点。

解释型和内省型：与文化人类学的感觉相一致；提倡更广泛地使用第一人称（但在结果部分可能仍然有限使用）。

你还可以阅读一些教授自己发表的作品，了解他或她做出的选择。这样既能学到东西，又能为自己加分。

如果这还不够，这些惯例还取决于作者对主观性的立场。使用定性方法的社会学家试图以丰富的细节捕捉人类社会互动的复杂本质。由于这些方法要求他们与研究对象直接互动并对其进行观察，因此这些研究人员明白，主观性是他们工作的固有特点。
假设有两位才华横溢的研究人员分别采访了十几位父母离异的成 203
年子女。他们都会了解到一些有价值的东西，但由于他们的谈话是由他们各自的经历、兴趣和个性决定的，我们并不期望他们了解到**完全**相同的东西，因此，使用定性方法的社会学家通常会在写作中有意识地频繁使用第一人称来强调这种主观性。

相比之下，使用**定量**方法的社会学家往往认为主观性即使不可避免，也是不可取的。尽管以人为研究对象存在固有的挑战，但这些社会学家试图收集可重复的数据，并尽可能减少研究者自身的影响。在理想情况下，其他社会学家可以精确地重复他们的程序，并获得支持相同结论的结果（尽管由于随机变化而不尽相同）。这种与主观性的对抗关系往往会导致他们对第一人称的使用更为克制。

考虑到所有这些复杂性，你可能会倾向于完全避免使用第一人称。这将是一个错误。事实上，如果一个社会学家越少使用第一人称，你就越能**确定**包含第一人称的语句是其论文中重要的陈述之一。这就是学者们倾向于阐述其主要结论、观点、目标等的方式。你也应该这样做。

不同部分有不同规范

在研究报告中，每个部分使用第一人称的惯例各不相同。为了帮助你走出这个迷宫，以下各提示按报告不同部分分别介绍第一人称的使用。

导　言

这取决于你要写作导言的哪一修辞部分。在第五章中，我们
204 将研究论文的引言分为四个标准“步骤”。在第一至三步中，社会学家很少使用第一人称。但在第四步中，在描述他们的目标和假设时，他们几乎总是使用第一人称代词——通常使用以下动词：

我／我们：考虑；发现；使用；讨论；假设；预期；检查；评估

文献综述／理论

使用第一人称通常是为了继续阐述导言第四步的内容，详细描述项目的目的和方法与以往研究的关系：

我／我们：研究；分析；介绍；建议；利用案例检验这些假设；通过……超越以往研究；依靠三种不同的理论传统；检验几个关于……相互竞争的假设；同时研究……的可能性；采用……的三轮数据；探究与……相关的细微差别；预期会看到基于……因素的差异

说明项目的范围时偶尔也使用第一人称，包括解释**涵盖**的内容（“我们关注……”）或**不**涵盖的内容（“我们不讨论……的问题”）。

数据／方法

这一部分在社会学家中差异最大：**老派**社会学家在方法部分像躲瘟疫一样避免使用第一人称，而**解释型和内省型**社会学家则喜欢使用第一人称。以下是后一类人的典型例子：

提及数据／样本——我／我们：包含；将我们的样本划分为；使用来自……的数据；用……选择受访者；

把我们的样本限制在；计算数量；合并这些答复

205 **提及分析——我/我们**：控制；编码；分配；操作化；分类；估算；包含一个虚拟变量；将这些回答重新编码为；使用估计方差；将我的分析限制为；查看……的独立影响

结 果

在所有章节中，这里使用第一人称的情况最少。当使用第一人称时，作者通常在做以下三件事中的一件：

1. 对他们的分析进行元评论（他们做了什么）：

我/我们：进一步考察了；使用逻辑回归预测；在……之间加入了交互作用

2. 为读者提供论文行文指引：

我们现在开始分析；在每个表格中，**我们**从……开始；**我们**接下来研究；**我们**首先考察……的作用；接下来**我们**转到；**我**从……开始

3. 注意到其数据的某些部分观察到的趋势匮乏（或有限）：

我/我们：发现两者之间只有一种重要关系；发现很少证据表明；没有发现；发现两者之间没有有显著关系

讨 论

这里几乎总是使用第一人称，通常有两个目的：

宣布或总结你的主要发现：

我/我们：已经对……进行了论证；发现了；表明；通过……拓展了他们的研究；我/我们倾向于认为；假设；没有发现有力的证据证明

或描述你研究的局限性： 206

我/我们：仅限于分析；受限于可用数据；缺乏相关信息；没有直接测量到

尽管我们：尽力考虑；控制

摘　要

由于摘要是整篇论文的缩影，因此在这里使用第一人称是效仿前面所述的各个部分。

我/我们：表明；分析；得出结论；使用来自……数据；假设；评估是否；发现

主动语态和被动语态

主动语态与被动语态一定是所有写作教育中容易被误解的问题之一。教条是："一定要使用主动语态，它会让你的文章更有力/更有趣/更生动。"现实是：主动语态可以帮助实现这些目标，但只使用主动语态会导致文章变得笨拙累赘。

在主动语态中，某人（或某物）做了某种动作："米洛（Milo）

击球了”。这就赋予了动作以能动性——我们知道谁是行动者。在被动语态中，某个动作指向某人（或某物）：“米洛被球击中”。我们不知道是谁把球扔给米洛的。也许是地震时球从桌子上滚了下来，而米洛恰好在桌下手脚并用地找他的铅笔。如果行为人很多或没有名字，或者行为人不为人知或无关紧要，被动语态往往是不错的选择：“马克斯（Max）当选为美国总统”，可能比“美国人民选举马克斯为总统”更好。

207 混合使用主动结构和被动结构可以使句子连接起来，使段落流畅。任何人只要留心观察，就会发现社会学专家通常会将主动结构和被动结构交织在一起，来回转换，无缝衔接。在下面的例子中，我们用加粗表示主动语态，用下划线表示被动语态。

> 在过去的几十年里，**社会科学和生物医学学者大力探索了**童年健康对晚年发病率的影响……这些探索往往以有关累积性损害的概念性和实证性文献为基础，而这一研究的数量近年来也经历了指数式增长。

所以，忘掉教条吧。找出最适合你论文中每一点的表达方式。下面是一些社会学家常用的主动语态和被动语态的例子。

描述以往研究

如果是介绍一项研究，很可能使用主动语态：

> 例如，在一项对大量青少年样本进行访谈的研究中，**焦耳达诺、曼宁和朗莫尔**（Giordano, Manning, and Longmore 2006）**发现**，恋爱关系提供了一些与友谊关系相同的回报，并具有一些相同的动态特征。

如果先前研究中的趋势或共识正在形成（存在许多相关研究者），则很可能出现被动语态：

> 出生体重过轻一直与儿童期到成年期的健康状况较差有关，这说明生命早期的健康状况对终生健康有着强大的影响。
>
> 10 岁前有健康问题常被认为会导致 50 岁及以后更可能肥胖。 208

描述数据

图和表既可以用主动语态也可以用被动语态引用（甚至在同一段中）：

> **图 1** 用三个简单的线形图**说明了**弱关系和网络桥梁的逻辑。
>
> 如表 1 所示，这些学校成绩的性别和种族差异与主流模式一致……**表 1 还显示了**自我报告的体育参与情况。

统计检验也可以用两种方式来描述：

单因素方差分析被采用，以便检验性别和种族差异在报告成绩和学校不当行为方面的显著性。

我们使用单因素方差分析来检验报告成绩和学校不当行为中性别和种族差异的显著性。

教条： 尽可能避免使用被动语态。

现实： 最好的社会学写作需要在主动语态和被动语态之间频繁转换。主动语态往往更生动、更吸引人，但如果没有被动语态，文章就会变得啰唆、不连贯。

209 连贯性：做一个值得信赖的向导

现在是一月份，你回来开始春季学期的学习。亚历克斯（Alex）是你家乡的一个好朋友，刚转学到你的学校，幸运的是，他被分到了你的宿舍，你从八月起就一直住在那里。开学第一天的天气非常糟糕，气温高达 38 摄氏度，还下着大雨。亚历克斯打开门走了出去，要去化学楼，你们俩今天的第一堂课都在化学楼。你把他拉回屋里，说："跟我来。我知道一条路线，几乎全程都在楼里面走。"你带着亚历克斯穿过一个由楼梯、走廊、后门和隧道组成的虚拟迷宫。几分钟后，你们来到了温暖干燥的化学楼地下室。亚历克斯说："哇，太棒了！但我不知道我们是怎么到这里的，也不知道怎么回去。""嗯，"你回答道，"我倒从没想过，对于一个没怎么来过这里的人来说，这挺复杂。”第二天，你再次带领亚历克斯，但这次你在每个路口都花点时间给亚历克斯指路。离开第一条走廊时，你说：“首先，我们要去宿舍的另一头……现在看看你的身后；记住我们刚出来的那扇门上的黄色标志，那是回去的路……现在我们要去马歇尔街下面的隧道，所以我们要走楼梯去地下室——穿过这扇标有‘001 室—056 室’的门就到了。”这并不比以前花更多时间，但现在亚利克斯可以看到每一步与上一步之间的联系。他就会明白下一步该往哪里走，并能厘清路线。

你的读者需要你以类似的方式引导他们。你对论文中的观点和资料非常熟悉，但你的读者很可能对这个领域很陌生。为了帮助他们理解你要带他们去的地方（而不是仅仅把他们拽在身后），请指出每个路口的地标——无论你是从一个段落走到另一个段落，还是从一个章节跳到另一个章节。跳跃越大，读者需要的指 210
示就越详细。沿途的转弯越多，在出发前描述路径就越有用。

语篇单元

学生通常只从主题句和段落的角度来考虑结构。但要有效地写作，你需要更复杂的概念。“主题句”过于简化了优秀作家实际是如何开始段落的。对于篇幅超过几页的论文，你不仅需要考虑段落，还需要考虑章节和小节。我们将带你从段落和主题句的新手世界进入**语篇单元**的专家概念。

大多数社会学文章都由多个段落组成的语段构成。每个语段都有自己的任务。在书籍中，最大的语段是各章。在研究论文中，最大的语段是各节——导言、方法等，每节都有自己的标题。在篇幅较长或较为复杂的论文中，这些节可能会被进一步划分为带标签的小节。但在更类似于散文的文章中也存在这样的语段，只是没有明确的标记显示一个语段在哪里结束，下一个语段在哪里开始。散文作者需要特别注意帮助读者识别这些语段，并了解它们之间的关系。

你所在的校园可能也有类似的层次结构。在杜克大学，规模最大的“部分”是东校区、中央校区、西校区和医疗中心。西校区又分为若干小部分：“主方庭”、基奥恩方庭等。从方庭这一层开始，我们向下延伸到各个建筑。这些层次结构对在复杂的校园中导航至关重要。如果一位访客站在社会学楼 / 心理学楼前的主方庭上，我们很容易就能为他指路，让他找到方庭上的另一栋楼：“艾伦楼？就在你面对的小教堂左边的最后一栋楼。”但是，
211 如果这位访客需要去东校区的卡尔大楼，那么所需的路线就会更长、更复杂（还需要乘坐公交车）。

现在让我们退后一步，想想构成一篇典型论文的各“单元”：句子组合成段落，段落组合成小节，小节组合成节，各节组合成整篇文章。

单元引言：连贯的关键

段落、小节、节这些语篇单元的概念可以帮助你理解如何有效地引导读者阅读文章的各个部分。让我们来看几个例子，看看

社会学家是如何做到这一点的。

表 9.1 的内容来自一篇题为“不必要的粗暴？学校体育活动、同伴网络与男性青少年暴力行为”（“Unnecessary Roughnoss? School Sports, Peer Networks, and Male Adolescent Violence”） 的研究论文（Kreager 2007）。我们只收录了讨论青少年体育社会作用段落的开头部分。由于该段落是一个多段落单元的开头，因此第一段必须做两个引言：它必须首先介绍这个更大的单元，这一点它在该段的第一句话中做到了。本段其余部分的重点是支持者的论点；本段第二句为该段做了介绍工作。对此安排的另一种理解是，第一段包含一句话的引言，但由于它是一个“小节”的开头，所以在此前又增加了一句话来介绍这个小节。

通过观察第一段，我们可以看到单元引言如何帮助读者预测接下来的内容。但是，它们也可以向读者展示接下来的内容如何与他们目前已经读过的内容相联系。将读者引向之前的材料——上一段、上一节，甚至是论文的导言部分，这取决于怎么做最有意义——帮助读者建立联系。它使文章“流畅”。

要了解段落引言如何将前面和后面的材料联系起来，请再看表 9.1——注意划线的词和短语。与第一段不同，第二段只有一个引言，用一个句子完成。注意“然而”一词的使用，它既指向前一段（表示对比），又表明了接下来的内容。第三段的引言有两句话：第一句指明了一个更为具体的批评群体——女性主义学者。第二句的开头是一个与之前观点相联系的分句。之后，我们才看到类似于典型主题句的内容，即这些批评者对男性气质和暴力的论证 。 212

表 9.1　语篇单元导入示例

田径运动在青少年文化中的突出地位引发了关于青少年体育运动社会作用的持续争论。一方面，支持者们长期以来一直认为校内竞技体育对青少年的发展有着积极的影响……	小节引言 第一段引言
然而，持批判性观点的学者则抨击关于青少年体育的传统观点，认为这些观点不全面且存在问题……	第二段引言
持批评观点的女性主义学者对体育运动与性别暴力之间的关系尤为关注。一些研究人员反对认为体育帮助克服反社会行为的观点，他们断言，许多接触性体育运动所特有的超男性文化特征教导人们将暴力作为一种可接受的、维护有价值的男性身份的手段……	第三段引言

我们再来看看“不必要的粗暴”一文中的另一个例子。在该文的理论背景部分，有一小节标题为“社会控制视角”。其后的一个小节为“社会学习视角”，这个小节四个段落见表 9.2 所示。该小节中每个段落的开头如表中左侧所示。请注意这些段落的引言是如何使各部分与整体保持清晰联系的——指向前后。

213 **表 9.2　语篇单元有效导入的另一个例子**

与社会控制理论相反，社会学习视角允许亚群体在对待暴力和违法行为的态度上存在差异。因此，个人在亲密的社会关系中，特别是在朋友和家庭成员之间，**学习反社会的价值观和技巧**［引文］……	**回到**前文 第一句继续介绍小节主题：**社会学习**；第二句介绍本段**主题：亲密关系中的反社会价值观**

续 表

社会学习方法的核心思想是，犯罪和其他行为一样，是在社会互动中学会的……	**回到小节主题** **本段主题：犯罪**
休斯和科克利（Hughes and Coakley 1991）将社会学习思想应用于**运动员异常行为**这一看似矛盾的现象。他们并不认为运动员的反社会行为是由于社会疏离或拒绝文化价值观所致，而是认为这些行为直接源于在体育运动中学到的规范定义，他们将这一概念称为“积极异常”……	**回到小节主题** **本段主题：运动员异常行为**
同伴关系在学习过程中发挥着核心作用，尤其是在注重地位的青少年时期（Coleman 1961）……	**回到小节主题** **本段主题：同伴关系**

下面是最后一个单元连接的例子，展示了多种多样的引言。这篇文章来自“青少年自杀行为是否具有传染性？使用纵向数据研究自杀暗示”（“Are Suicidal Behaviors Contagious in Adolescence? Using Longitudinal Data to Examine Suicide Suggestion”）一文的“理论背景”部分，作者为阿伯卢汀和穆尔雷拉（Abrutyn and Muellera 2014）。第一小节为“自杀暗示与媒体”，其后一个小节题为“通过个人榜样获得的自杀暗示”。下面是这一小节四个段落的引言（见图 9.1）。我们用突出显示的方式标明了与先前材料的链接，并用粗体标明了当前（刚刚开始）的主题。 214

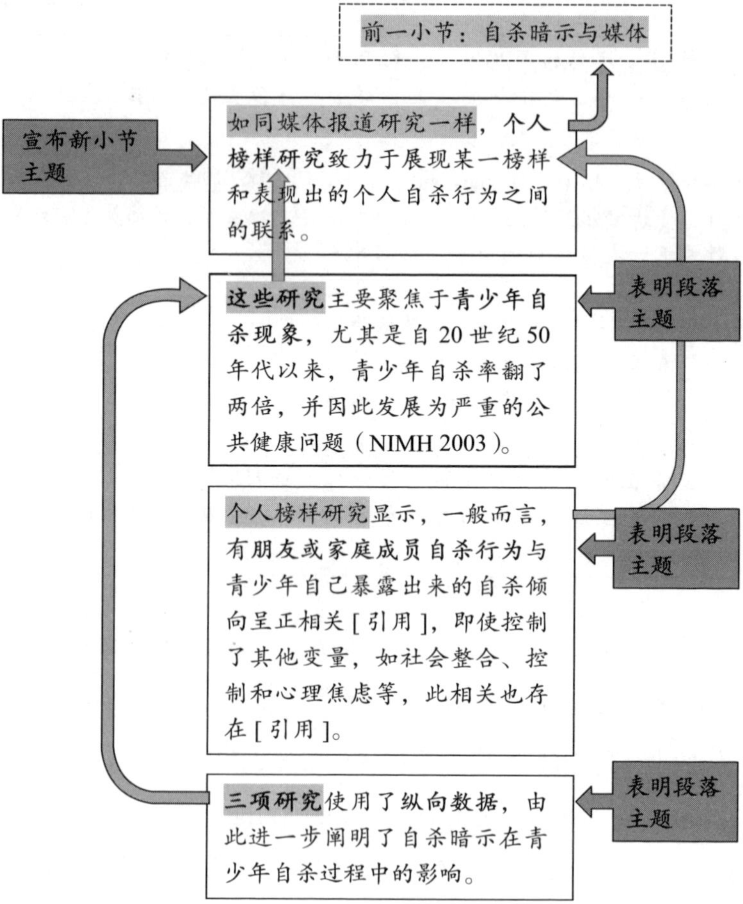

图 9.1　单元连接的示例

215　作为读者，这些引言性的步骤往往不被注意，默默地发挥着作用。它们就像路标。当你知道自己要去哪里时，你就不会去注意它们；但当你不知道该往哪里走，又找不到任何标志时，你就会需要它们（当然，误导性的路标比没有路标更糟糕，所以一定要注意正确引导）。

找到你自己的结构

把想法落实到纸上很难。因此，当我们起草文章时，最好不要中断思考，以确定不同内容的最佳位置。但学生们往往没有意识到，一旦大部分内容都写好了，他们就需要回过头来整理所有内容。

在第一章中，我们介绍了 C. 赖特·米尔斯的建议：将主要观点写在记事本上，然后将它们按有意义的顺序排列（今天，我们可能会把草稿打印出来，然后再把它们剪开）。一旦你有了草稿，就可以尝试用这种方法为你的材料找到一个好的结构。需要排列的是你的主要部分。如何确定最佳排列顺序？记下每一组材料对整篇文章的贡献，以及每一组材料与前面的内容之间的关系；这将有助于你确定每一部分的引言。现在，对构成每个部分的段落也做同样的事情。在你写这些部分和段落的引言时，你正在论文中塑造一个“你”。这是你的论文中最重要的部分——与你的主要问题和你用来回答问题的证据同样重要。

简明扼要地写作 216

下面是一篇虚构的学生论文中一个段落的两个版本：

学生甲	学生乙
根据爱德华·卡诺普卡和约瑟夫·帕加尼在他们的著作《同学聚会对男性和女性的吸引力》(*The Draw of Class Reunions Among Men and Women*)中指出，他们的研究结果表明，性别与是否参加高中同学聚会之间并没有很强的相关性(Kanopka and Pagani 1981)。他们的数据显示，男性和女性选择参加同学聚会的比例大致相同。	根据卡诺普卡和帕加尼(1981)的研究，男性和女性参加高中同学聚会的模式并无不同。

你更喜欢哪一种？鉴于你们的社会学教授有很多你们班的论文要读，你认为他们更喜欢读哪篇论文？如果你认为你的教授会对学生甲印象深刻，那就再想想吧。我们会这样想："这个学生显然没有花足够的时间来阅读和思考这个主题；他在自己仅有的一点内容上添加了很多不必要的词语……希望我们不会注意到。"你要成为学生乙，说该说的话，去掉其他的东西。

要达到这种精简的程度，就要从大到小做起。如果以后可能会删掉整个句子，就不要浪费时间去琢磨删减单词。在确定段落可以保留之前，不要费力气修改句子。

段落分流

所有高效的写作者都要学会说再见：对有毛病的段落说几句好话，然后断开生命维持系统。面对一篇臃肿的论文，你可以从 217
段落分流开始：决定哪些段落基本没有问题，哪些段落稍加修改就可以保留，哪些段落需要安乐死。你所写的任何内容都不应该长过表达观点需要的合理长度。

进行段落分流时，从初稿第一段起，仔细查看每个段落。在空白处（或使用“插入评论”功能）描述该段的**目的**。不要只用两三个词来陈述“主题”，而是要解释该段做了什么，如“确立我的主题的相关性”“明确因变量”或“举一个当代的例子来说明涂尔干独树一帜的学术传统”。

然后再决定哪些值得保留：

1. 有哪些段落对文章没有任何价值？把它们打印出来，折起来，堆在一起，然后举行火化仪式。

2. 那些看起来有用但似乎不适合放在那里的材料如何处理呢？如果能找到一个合理的位置，就把它挪走。如果找不到，就放到“保温箱”文件里。当你把文件中的好东西精简下来，再回到这个文件，看看这些碎片在哪里可以用。对于那些没有找到好归宿的碎片，请参阅第一步。

3. 你是否在文章的不同部分涉及了相同的观点？决定哪一处最合适表述此观点，然后将其他内容合并到其中，删去任何多余或不相关的内容。

4. 如果你确信某些材料有价值，但又无法确定其用处，该怎么办？用问号标记出来，看看是否有必要将其添加到另一个段落中。有时，一个段落如果不能独立存在，也可以通过“器官捐献”而茁壮成长。但是要小心：如果你把逻辑上不属于同一个段
218 落的语段合并在一起，你最终会拼贴出一个科学怪物——可怕的“**弗兰肯斯坦**”[①]。

修剪句子

想象一下，你是一位受雇管理正规花园的树木学家。当你第一次漫步在新的工作场所时，你看到了巨大的潜力。你欣赏着各种美丽的树木，它们在园林中排列得十分美妙。但同样明显的是，花园并没有得到很好的管理。枯树和乱枝扰乱了视线。在某些地方，许多树苗保留下来任意生长，以至于相互挤压。由于低矮的树枝挡住了去路，很难在小路上行走。

你有什么计划？为了给最有前途的树木提供足够的空气和阳光，你需要移除枯死的树木，并砍掉健康树木上的枯枝。你还需要修剪许多较小的枝杈——要么是为了让树看起来更美观，要么是为了方便游客在小路上穿行。

你的社会学论文就是一个花园。如果你和我们中的大多数人一样——无论是学生还是专家——你的论文在面向公众之前就需要好好修剪一下。在开门迎客之前，请拿出工具开始工作。

---

① 玛丽·雪莱的小说《科学怪人》中科学家维克多·弗兰肯斯坦创造的人造怪物。——译者注

以下是一位学生研究论文中结果部分的一个段落。他的初稿写得很好，分析也很精辟。但现在是修剪的时候了。在了解**我们**对该段的看法之前，请先自己看一看，看看你是否能发现哪些地方需要好好修剪。试着大声朗读这段话。你的耳朵往往会注意到你的眼睛所忽略的不必要的重复。

> 然后进行了两次线性回归分析，分别针对专制和民主假设条件下的受试者。在每种条件下，对受试者在专制和民主形容词之间内隐联想测试（IAT）反应时间的 219
> 平均差异都与受试者的平均自我认同和不同特定认同之间的情感距离作曲线图表示。在专制假设条件下，特定认同是“大人物”；在民主假设条件下，特定认同是“工友”。每幅图都拟合了回归线。两项回归分析均显示，反应时差与认同距离之间存在轻微的反比关系。专制假设条件下的 r^2 值为 0.041，在 90% 的置信水平上结果不具有显著统计性。民主假设条件下的 r^2 值为 0.115，在 95% 的置信水平上结果具有显著 统计性。

这里有很好的想法，但很难在杂乱无章中找到。那么我们该怎么办呢？我们先使用一种技术，它可以帮助我们更好地了解我们所得到的信息：将段落复制到一个单独的文档中，然后将其分割成更小的单元——句子甚至分句。

1. 然后进行了两次线性回归分析，

2. 一个是专制假设条件下的受试者，另一个是民主假设条件下的受试者。

3. 在专制假设条件下，

4. 对受试者在专制形容词和民主形容词之间内隐联想测试（IAT）的反应时间的平均差异，与受试者的平均自我认同和“大人物”认同之间的情感距离作曲线图表示。

5. 然后将回归线拟合到曲线图上。

6. 回归分析显示，反应时差与认同距离之间存在轻微的反比关系，r^2 值为 0.041。

220 7. 这种关系在 90% 的置信水平上不具有显著统计性。

8. 在民主假设条件下，

9. 对受试者在专制形容词与民主形容词之间的内隐联想测试（IAT）反应时间的平均差异，与受试者的平均自我认同和“工友”认同之间的情感距离作曲线图表示。

10. 然后将回归线拟合到曲线图上。

11. 回归分析显示，反应时差与认同距离之间存在轻微的反比关系，r^2 值为 0.115。

12. 这种关系在 95% 的置信水平上具有显著统计性。

作为经验丰富的文章修剪师，我们知道从小事做起是很愚蠢的。如果明天要砍掉整棵树，为什么今天还要小心翼翼地修剪树枝呢？因此，我们将分两步修剪文章：首先寻找那些阻碍我们前进或扼杀好想法的大东西（想象一下用电锯处理）；然后，我们再处理那些不讨人喜欢的小东西（想象一下用剪子处理）。

拆分后的版本有很多重复之处。第 3 行和第 8 行几乎完全相同——但这里的重复似乎是有用的，因为这些分句是路径上的标志。相比之下，第 4 行和第 9 行的重复不仅令人讨厌，而且掩盖了重要的**差异**。多余的词语让人很难看出有什么不同。第 5 行和第 10 行完全重复，这当然没有必要。现在比较一下第 6 行和第 7 行与第 11 行和第 12 行；这两对几乎相同。这些都很适合合并。

在熟练地使用电锯之后，我们得到了以下结果：

1. 然后进行了两次线性回归分析，

2. 一个是专制假设条件下的受试者，另一个是民主假设条件下的受试者。

3. 在每种条件下，对受试者在专制形容词和民主形容词之 221
间内隐联想测试（IAT）反应时间的平均差异都与受试者的平均自我认同和不同特定认同之间的情感距离作曲线图表示。

4. 在专制假设条件下，特定身份是“大人物”；在民主假设条件下，特定身份是“工友”。

5. 每幅图都拟合了回归线。

6. 两项回归分析均显示，反应时差与认同距离之间存在轻微的反比关系。

7. 专制假设条件下的 r^2 值为 0.041，在 90% 的置信水平上结果不具有显著统计性。

8. 民主假设条件的 r^2 值为 0.115，在 95% 的置信水平上结果具有显著统计性。

现在我们已经完成了繁重的工作，是时候进行一些细致的修剪了。让我们通过突出显示重复的单词和短语，看看下一步我们可能要做什么。

1. 然后进行了两次线性回归分析，一个是**专制假设条件下的受试者**，另一个是**民主假设条件下的受试者**。

2. 在每个条件下，对受试者在专制**形容词**和民主**形容词**之间内隐联想测试（IAT）反应时间的平均差异都与受试者的平均自我认同和不同**特定认同**之间的情感距离作曲线图表示。

3. 在**专制假设条件下**，**特定身份**是“大人物”；在**民主假设条件下**，**特定身份**是“工友”。

4. 每幅图都拟合了回归线。

222 5. 两项回归分析均显示，反应时差与认同距离之间存在轻微的反比关系。

6. **专制假设条件**的 r^2 值为 0.041，在 90% 的置信水平上结果不具有显著统计性。

7. **民主假设条件**的 r^2 值为 0.115，在 95% 的置信水平上结果具有显著统计性。

“假设条件”短语重复太多了吧？其他重复的词语也可以进行一些修剪。完成上述工作后，我们就可以把这些碎片重新组合起来，看看我们得到了什么。

然后进行了两次线性回归分析，分别针对专制和民主假设条件下的受试者。在每种条件下，对受试者在专制和民主形容词之间的内隐联想测试（IAT）反应时间的平均差异都与受试者的平均自我认同和不同特定认同之间的情感距离作曲线图表示。在专制条件下，特定认同是“大人物”；在民主条件下，特定认同是“工友”。每幅图都拟合了回归曲线。两项回归分析均显示，反应时差与认同距离之间存在轻微的反比关系。专制条件下的 r^2 值为 0.041，在 90% 的置信水平上结果不具有显著统计性。民主条件下的 r^2 值为 0.115，在 95% 的置信水平上结果具有显著统计性。

好多了，对吧？我们的最后一步是再通读一遍，删掉没有任何作用的单词。比如这样：

~~然后~~进行了~~两次~~线性回归分析，~~分别~~针对专制和民 223
主假设条件~~下~~的~~受试者~~。在每种条件下，~~受试者~~在专制和民主形容词之间的内隐联想测试（IAT）反应时间的平均差异……

还有这个：

~~每幅图都拟合了回归线。两项~~回归分析~~均~~显示，……之间存在轻微的反比关系。

最后得出以下结果：

> 对专制和民主假设条件各进行了线性回归分析。在每种条件下，对受试者在专制和民主形容词之间的内隐联想测试（IAT）反应时间的平均差异与受试者的平均自我认同和不同特定认同之间的情感距离作曲线图表示。在专制条件下，特定认同是“大人物”；在民主条件下，特定认同是“工友”。对这两种情况的回归分析显示，反应时差与认同距离之间存在轻微的反比关系。专制条件下的 r^2 值为 0.0401，在 90% 的置信水平上结果不具有显著统计性。民主条件下的 r^2 值为 0.115，在 95% 的置信水平上结果具有显著统计性。

从 250 个字减少到 223 个字。没有删减重要内容。剩下的更容易阅读。

撰写简明扼要的文章需要时间吗？当然需要。如果你在交稿
224 前没有打好坚实的初稿，你就没有时间去改。是否有足够时间修
改是一篇潜力巨大的论文与一篇优秀论文之间的区别。

反驳、让步和局限性

想象一下，你是一个新开设的露营营地的总辅导员，你的管理对象是 11—14 岁高危青少年。营主要求你调查，是把男孩和女孩分开好，还是大部分活动让他们一起进行好。你找到了两个

讨论这个问题的资料：

A	B
高危青少年与一大群男女同龄人在一起时会出现过激行为。这些青少年通过与异性明显的调情来赢得同性之间的地位，并通过炫耀和挑战权威来赢得异性之间的地位。因此，高危青少年在被性别隔离时会表现得更好。	当高危青少年与一大群男女同龄人在一起时，他们会表现出复杂的行为。个人行为会受到同性同龄人中的等级自我认知以及他们在青少年司法系统中的历史记录的影响。在那些需要……的活动中，把男女青少年组合在一起可能会有好处……

两者都看一看。哪种**类型**的文章更有说服力：是简单明了的陈述（A），还是公开承认复杂性和不确定性的（B）？大多数新手更喜欢前者的直截了当，而不是后者的貌似婉转。但专家往往对过于简单的说法持怀疑态度，因为他们知道有意义的问题很少有简单的答案。

在面对更成熟的受众时，社会学家会公开考虑相反的观点（反驳），承认存在看似合理的替代解释或相互矛盾的数据（让步），并承认自己研究的**局限性**。 225

新手往往错误地认为，承认反驳、让步或局限性会**削弱**他们的论点——认为如果他们隐瞒这些信息，读者会更倾向于同意他们的观点。但是，对于社会学家读者（包括你的教授）来说，这些因素会让你的论点**更有**说服力。为什么呢？首先，它们能提升你的**精神气质** ——这是读者对你作为作者的感觉。当你认真应对反驳意见，当你提到与你的主张相悖的证据，或解释你的主张在某些情况下如何不成立时，当你公开陈述你的数据不尽如人意时，你的读者就会感觉到你对你的主题很了解，你对他们很坦诚。他们可以信任你。

化弱为强

当你认真研究一个实质性问题时，你会遇到对你的观点产生怀疑的观点或证据。学生们通常认为最好把这些事情隐藏起来。你可能会惊讶地发现，教授们对那些接受并解决了他们论点的真正复杂性的学生作品评价很高。事实上，教授们最常提及的学生写作缺陷之一，便是不承认反驳和矛盾证据。

因此，与其将论文中的局限性和逻辑难题一扫而过，不如像专业人士那样直接解决它们，学习如何让反驳、让步和局限性为你所用。

226 其次，学术读者是反思性的怀疑论读者。在阅读过程中，他们会想到反对意见——作者的主张可能存在的漏洞。现在，如果你碰巧知道你的教授在阅读学生论文时总是自言自语，你可能会躲进他办公室的壁橱里。当他停顿下来对你论文中的某些内容表示反对时，你就跳出来解释为什么他的反对不能否定你的主张。但是，如果躲在壁橱里不适合你繁忙的学业和社交活动，你就不得不像专家那样做：预测这些反对意见，并在论文中予以回应。

反驳和让步

反驳是指与你提出的论点相矛盾的主张、理由或证据。如果你同意反驳有一定的合理性，我们称之为让步——你**承认**了这一点。无论如何，如果你提到了这样的观点，你都要在**回应**中解释为什么它不会破坏你的基本论点。基本模式如下：

反驳：某某这样说 X……
回应：但是……[质疑 X 的理由]

让步：我们承认 Y 是真的。
回应：尽管如此……[无视 Y 的理由]

以下是已发表的反驳和让步的两个案例：

有些人认为，男人做饭很悠闲，因为他们在做饭的时间和频率上比女人更灵活（**例如**，Adler，1981）……但是，那些承担了大量烹饪责任、失去了这种灵活性的男性是否会觉得烹饪不那么悠闲呢？不一定：我的许多参与者在家庭中承担着主要的烹	反驳 回应

> 饪责任，但他们仍然经常把烹饪当作一种休闲。
>
> 在三项时间研究中，有两项研究对男性每周带孩子时间的增加进行了分解，发现是男性行为倾向的变化，而不是家庭组成的变化导致了时间的增加……男性与子女互动倾向的增加**可能是**与子女共同相处时间增加的全部原因……但这一结论是建立在采用相对较少控制的分析模型基础上的。

让步

回应

反驳在以理论为重点的、散文体裁中尤为有效。在研究类体裁中，我们更容易发现反驳的近亲：矛盾证据。让步在大多数体裁中都很有效；在研究报告中，让步主要出现在讨论部分。

局限性

在社会学写作中，承认局限性主要出现在一种体裁的一个地方：研究报告的讨论部分。如果这让你觉得它们不是很重要，那你就错了：它们是该部分的预定内容，事实上也是必不可少的部分。如果社会学家不承认自己研究的局限性，他们的同事就会认为他们要么幼稚，要么无能（很可能两者兼而有之）。下面是一些如何表达局限性的典型例子。

使用在可获得性基础上收集的数据的想法**会带来偏见和缺乏代表性的挑战**。**虽然我们强调**在本研究使用的研究地点收集数据的难度，但**我们也承认**，对这些国家的居民进行更具代表性的抽样调查将具有更高的外部有效性。因此，我们建议在将这些研究结果应用于……时要谨慎。 228

显然存在其他因素会影响任何社会的 INR 率……社会的健康状况……和识字率……虽然研究这些变量**并非本文的研究范围**，**我们认为**这些因素足够重要，值得一提。

尽管本研究加深了人们对青少年危险性行为的了解，**但也并非没有局限性**。**虽然**我们使用了两轮数据来验证我们的假设，但**我们只能**在第一轮数据中测量朋友的特征。因此，我们的模型无法解决性活动或对未来学业成绩的预期如何影响人际网络构成的问题。

我们的研究结果［有］**局限性**。**我们只有一个衡量**学业成绩的**指标**：由家长报告的教师评定的成绩。**我们不知道**这些竞争力很强的学生**是否也会**在标准化测试中取得高分，也不知道他们**是否会**在学业成绩上长期保持这种努力。

深思熟虑，不要辩论

在评估回答重要或有趣问题的尝试时，社会学家（包括你们的教授）更看重**深思熟虑**的态度，而不是**辩论**的态度。出庭律师辩论；法官深思熟虑。律师的目标是获胜；法官则试图在仔细评估证据和环境的基础上做出正确的决定。虽然采取律师的态度比较容易，但也要试着像法官那样思考和写作。

229

棘手的词语和短语

> 你一直在用这个词。我觉得它的意思和你想的不一样。
>
> ——伊尼戈·蒙托亚（Inigo Montoya），
>
> 《公主新娘》（*The Princess Bride*）

有些词在社会学中的含义与你可能联想到的日常含义不同。错误地使用这些词会让你的文章显得业余……而且可能会惹恼你的导师（提示：如果你**想**成为一个惹人讨厌的学生，还有更简单的方法，比如在课堂上发短信）。公平地说，除非你读过很多社会学著作，或者有人直接告诉你，否则你不可能知道这些词有什么社会学含义，如表 9.3 所示。

表 9.3　词语示例

词语	并非意味着	而是意味着
显著的（*significant*）	重要的（important）	不可能仅仅由于偶然的
相关（*associated*）	与……事物有关（having to do with something）	相关（correlated）；当一件事发生变化时，另一件事也会发生变化
随机的（*random*）	无意的（haphazard）；任意的（arbitrary）	所有可能的样本被选中的机会均等
社会（*society*）	地位高或富有的（the high status of wealthy）	某些有边界的群体中的社会结构
文化（*culture*）	高雅的事物，如歌剧（high-brow things like opera）	广泛共享的意义、价值观或习俗
控制（*control*）	掌管（taking charge）	研究在某一事物保持不变的情况下，另一事物发生变化所产生的影响

应避免的短语和做法 230

除了误用某些词语外，学生在社会学课堂上还经常会有一些其他不良写作习惯。下面是一个简短的列表。忽视这些，后果自负。

- 不要含糊其词、毫无根据地断言人们通常会做什么或相信什么：

美国**大多数人**……

人们总是……

在当今社会……

- 在专门谈论成年人（男人和女人）或儿童（男孩和女孩）时，不要用“男性”或“女性”来指代人类：

  男性处于企业成功和权力的最前沿。

- 避免陈词滥调：

  女性在**攀登企业阶梯**时会遇到一些障碍。

- 不要凭直觉编造“事实”或做出无凭无据的断言：

  男性和女性可以从同事那里获得三种不同类型的支持：情感支持、信息支持和工具支持（Wallace 2013）。**似乎女性给予和获得的情感支持更多，而男性获得的信息支持更多。**

- 不要说某样事物有不止一种，然后只给出一个例子：

  231 这在很多行业适用，**像金融行业**。

  这一理论也适用于许多家庭关系，**如兄妹**。

- 不要包含从句子其余部分可以明显看出的内容：

  然而，**在比较男性和女性在这个主题上的表现时**，男性在办公室外社交的可能性比女性高出 26%。

避免“证明”

在学生论文中，我们经常会看到这样开头的句子：“这些结果证明……”你可能认为“证明”这个词是一个很好的选择，它可以表明证据支持你的主张，但如果你在社会学论文中使用这个词，你可能会发现并非如此。你们的教授会把“证明”一词与演绎推理联系起来，演绎推理在数学和某些哲学分支中很常见，但在社会学中却很罕见。它主要用于理论工作。由于人类的社会互动非常复杂，社会学的主张依赖于概率证据（检验统计假设）或观察结果的归纳推理。这些证据永远不可能是确定的，只能是与理论（抽象）观点相一致。社会学家通常使用“表明”“标志”或“显示”等比较中性的词语来代替语气强硬的“证明”。

第十章

最后几件事

A FEW LAST THINGS

232 在本书的开篇，我们讲述了社会学奠基人之一格奥尔格·西美尔的故事，因为写作过于随意，他第一次申请社会学博士学位的论文被拒绝了。现在的软件可以捕捉到很多错误，在校对和最后的准备工作上偷懒很容易。鉴于你为撰写一流论文所付出的努力（没错吧），你希望教授以积极的心态来给你打分。然而，无论意图多么良好，即使是最好的老师，在批阅一大堆论文时也会感到疲惫和烦躁——尤其是本来有些能让批阅工作变得轻松一些的小事，学生却没有花心思去积极完成。

有些事情你可以先做好，这样**你的**论文就不会让教授们咬牙切齿或翻白眼——这些都是拼写检查程序无法检查出来的。有些与写作本身有关，有些则是为了让老师拿到合适的文档或文件。在提交论文之前，请检查以下项目。

校对提示

一旦你用功写了一段时间的论文，就很难敏锐看出自己**到底**
233 写了什么（而不是你想写什么）。有两个技巧能帮助你发现错误和小毛病：

- 让你的电脑阅读论文给你听。现在，大多数台式电脑和平板电脑都安装了软件程序，可以大声阅读文本。选一两段论文，运行阅读功能，**不要**看屏幕，留心倾听。如果你的感觉有点奇怪——可能是有个词漏掉或重复，或者句子过于冗长复杂，暂停播放然后修正即可。
- 从论文结尾处开始（或者从每节的结尾），阅读最后一句。然后阅读倒数第二句，以此类推，直到开头。这样倒序阅读论文可以将每个句子抽离上下文，以便你的注意力更集中到句子本身。

写作问题

要明白，即使是经验丰富的写作者也不可能一次性检查完所有内容。请仔细检查以下各项是不是你论文中可能存在的问题。为了达到最佳效果，请多次通读你的论文，每次只考虑一类问题。

引文：我们已经讨论过引用过多的问题。最后再通读一遍论文，看看每一组引号或整段引文。如果引号中是一个单词，那么它的用法是否真的很特别，需要向读者着意指出？如果是一个短语，它是否足够独特而需要直接引用，还是用你自己的话转述会更好？如果是一个较长的段落，引用的部分是否可以更短一些，但仍能抓住基本思想？

234 **段落：**看看你的段落长度。是否有很多只有一两句话的段落？能否在不影响连贯性或重点突出的前提下将它们与其他段落合并？有些段落是否看起来特别长？如果有一个以上的想法值得单独成段，那就把它分开。看看每个段落的开头方式：是否有一个引言清楚地阐述了该段要达到的目的？如果没有，请在开头更明确地突出你的想法或意图。

引用：你可能认为教授不会注意到参考文献是否缺失，但如果他在你的论文中看到了有趣的内容，并查找了参考文献，但却没有找到，那么你就会被视为粗心的写作者。因此，请通读你的论文，列出文中所有的引用。然后查看参考文献部分，确保每一条文献都有完整的引用信息。我们打赌你会发现有几处文献没有引用信息，这是常见错误。现在，反其道而行之。查看你的参考文献列表，检查列表中的每一个材料在文中都至少引用了一次。如果有你没使用的参考文献，将其删除。确保每条引用信息都是完整的。

格式和文件命名

你的论文已经撰写、修改、编辑并经过仔细校对。你已经竭尽全力了，对吗？不尽然。还有一些宏观的格式问题需要解决。如果教授指定了格式，请严格遵守。这不是建议，而是要求（如果你写的是硕士论文或毕业论文，格式要求会很详细。请预留两
235 周的时间把它们理清）。如果没有格式规范，这里有一些小窍门，

可以让你的作业看起来更清晰。如果你真的想得到某份工作，你就不会穿牛仔裤去参加专业的求职面试；所以，不要把你的正式论文“穿得像去打篮球一样”。

- **扉页：**如果论文篇幅超过几页，就应该有扉页。将标题放在页面的上三分之一左右的位置（如何起好标题，请参见“创建标题”小节）。下面写上你的姓名、学号、联系方式（电子邮件、手机）、学院名称和日期。跳过几行，写上：

　　本论文是在（你的教授姓名或指导老师姓名）的指导下，为完成（你的课程编号和组别）（你的学期或季度、年份）的部分要求而完成的。除标明的引文外，论文全部是我自己的作品。

- **重复使用的文字：**如果你在论文中重复使用了以往的任何文字，请务必用灰色显著显示，并添加以下内容：“所有重复使用本人既往成果的内容都已用灰色标出。”这将保护你免受与此类重复使用有关的抄袭指控。
- **致谢：**如果体裁合适，可以考虑在扉页底部写上致谢：“感谢某某在（无论……图书馆文献研究、分析或写作反馈）方面提供的帮助。”致谢通常不是必需的；但如果助教、图书馆员、同学或朋友提供了有用的指导或意见，表示感谢也是一种高尚的举动（注意：你不需要把你的教授列入这个名单，这是他的工作）。

236 • **目录**：少于 20 页的论文通常不需要目录。但硕士学位论文、博士学位论文和正式荣誉论文通常需要目录；其他长篇论文也可能需要目录。如果有目录，应放在扉页之后。目录中应包括摘要、所有章节（或许还有主要小标题）、参考文献列表和任何附录。如果要求你将表格和图放在最后而不是正文中，那么附录也应包括这些内容。

• **概述/摘要**：如果你的作业是一份长篇研究报告或申请书，那么在论文开始之前应该有某种类型的摘要。在页面顶部，重复标题。然后，根据体裁的不同，写上“摘要”（适用于研究报告）、“项目概述”（适用于申请书）或“执行概述”（适用于案例研究文章或政策备忘录），最后写上相应的摘要。如果可能，请将其控制在一页纸长度。论文正文应从下一页开始，再次从标题开始，居中居上（标题要漂亮，对吧）。

• **页码**：确保你的论文有页码，以便教授在评阅或提问时参考（希望其中一个问题不是“你在第 4 页引用的《Muckfang 2015》的参考文献信息在哪里？”或者“为什么论文没有页码？”）。

• **电子文档**：现在大多数论文都是以电子形式提交的。如果你是这种情况，而且没有得到具体的说明，我们建议你这样做：

  ○ **同时**发送文字处理器文件（如 Microsoft Word）**和** PDF 文件。发送 PDF 文件可以确保教授看到的论文与你看到的一模一样——无论你的教授使用什么软件或电脑。这并不是一个假设性的问题；格式经常会被这样弄乱，尤其是图、表等。此外，文字处理文件通常更容易让教师提出意见，这对于早期初稿或可能在提 237
交初稿后继续进行的项目尤为重要。因此，两种格式文件都要发送。

- 确保实际文件名清楚地标明你的姓名和项目名称。你的教授会收到整个班级的论文，也可能会收到其他班级的论文。像“论文终版”这样的文件名不会有什么帮助。要打开一大堆文件，用学生的名字重命名，然后保存起来，这样做并不能给读者带来轻松、温暖的感觉。这里有一个很好的文件名惯例：你的姓名 _ 你的课程 _ 学期 _ 项目名称。

这就是我们为你准备的一切。好好写吧。

致谢

琳达·伯顿（Linda Burton）和丽贝卡·巴赫（Rebecca Bach）参与了杜克大学社会学系的一项旨在提高写作水平的计划，我们在此向她们表示感谢。基兰·希利（Kieran Healy）、史蒂夫·韦西（Steve Vaisey）、克里斯·贝尔（Chris Bail）、马丁·吕夫（Martin Ruef）、肯尼思·斯宾纳（Kenneth Spenner）、格利贝尔·默克斯（Glibert Merx）、马克·查维斯（Mark Chaves）、吉姆·穆迪（Jim Moody）、爱德华多·博尼利亚-席尔瓦（Eduardo Bonilla-Silva）以及杜克大学其他许多教师也为我们提供了宝贵的意见。我们的学生在 FOCUS 研讨会、高级研究研讨会和二年级研究生论文研讨会上提供了有用的反馈意见。杜克大学之外给我们提供了宝贵意见的人士包括：琳达·弗朗西斯（Linda Francis）、道恩·T. 鲁滨逊

（Dawn T. Robinson）、乔迪·克莱-沃纳（Jody Clay-Warner），贾斯廷·丁克勒（Justine Tinkler）、凯瑟琳·莱夫利（Kathryn Lively）、金伯利·罗格斯（Kimberly Rogers）、克里斯托弗·穆尔（Christopher Moore）、佩里·思雷弗尔（Perry Threlfall）、马纳希·拉伊（Manashi Ray），我们的编辑汤姆·迪恩斯、米娅·坡，以及我们的评议人：乔希·安布罗斯（Josh Ambrose，麦克丹尼尔学院）、克里斯·安森（Chris Anson，北卡罗来纳州立大学）、米歇尔·贝米勒（Michelle Bemiller，沃尔什大学）、温迪·卡奇（Wendy Cadge，布兰迪斯大学）、香农·N. 戴维斯（Shannon N. Davis，乔治梅森大学）、劳里·迪茨（Lauri Dietz，德保罗大学）、安杰拉·格林（Angela Green，密西西比大学）、萨拉·K. 哈克尼斯（Sarah K Harkness，艾奥瓦大学）、戴维·凯洛格（David Kellogg，卡罗来纳海岸大学）、埃里克·克林格（Eric Klinger，科罗拉多大学博尔德分校）、凯瑟琳·莱夫利（达特茅斯学院）、格雷戈尔·马特森（Greggor Mattson，欧柏林学院）、丹·梅尔泽（Dan Melzer，加州州立大学萨克拉门托分校）、厄尔·莫厄特（Earl Mowatt, 白求恩库克曼大学）；埃塞尔·尼克道（Ethel Nicdao，太平洋大学）、卡罗琳·霍奇斯 . 佩塞尔（Caroline Hodges Persell，纽约大学）、黛安娜·派克（Diane Pike，奥格斯堡学院）、丹尼丝·罗格斯（Denise Rogers，路易斯安那大学拉斐特分校）、姬恩·西奥多里（Gene Theodori，萨姆休斯敦州立大学）、莉萨·斯莱特里·沃克（Lisa Slattery Walker，北卡罗来纳大学夏洛特分校）、卡西亚·沃斯克（Kassia Wosick，新墨西哥州立大学）、洛娜·利克·朱卡斯（Lorna Lueker Zukas，国立大学）。

附录 A

介绍你的原创研究

虽然这是一本关于写作的书，但做原创研究的学生也经常被要求就他们的研究做演讲。以下是一些帮助你充分利用这些机会的建议。无论你是向同学展示还是在专业会议上做报告，这些原则都是适用的。

遵守时间限制

无论你认为自己在预测演讲时长方面有多出色，只有通过真正的大声排练，你才能知道自己的演讲到底有多长。最好至少当着听众（即使听众只是你的狗）的面演练一次。

连贯地概述你的项目

尽管你的同学可能已经听说你的项目好几周了，但这并不能免除你从头开始报告的责任。分配时间介绍你的理论框架、描述你的方法、展示和讨论你的研究结果，并进行总结。

- 准备演讲的“步骤”与我们在第五章中讨论的撰写导言的步骤基本相同。介绍你的主题并确定其重要性，从宽泛的主题开始，迅速过渡到你的具体研究问题。描述相
240 关文献的内容（非常简短），并指出文献中的空白。提出你的研究问题，并说明你将分析的证据如何有助于填补这一空白。
- 导言之后，描述你的主要结果，回答你的问题，并讨论回答的意义。

讨论文献——但要简短

论文与演讲的一个主要区别是，讨论文献和理论的篇幅与讨论结果和结论的篇幅的对比。由于该领域非常广泛，大多数社会学家都不熟悉与你的研究问题相关的文献。概述这些文献是社会学研究写作的一个重要部分，但在演讲时做太多这样的概述是很困难的（我们可以说很无聊）。因此，在你的演讲中，即使不能更早，也要在演讲的前三分之一时间内就要开始介绍你的研究成果。这意味着，在 15 分钟的演讲中（典型的专业会议），你最好

在前 5 分钟就能说出你的研究证据。在 45 分钟的演讲中（可能是你演讲时间最长的一次，除非你被选为某组织的主席），不要已经超过 15 分钟了，还没有给人们提供具体的分析结果。在这短短的第一部分中，你必须介绍你的主题，让听众大致了解你所依据的文献和理论框架，给出关键术语定义，提出你的问题，并介绍你提出的任何假设。这听起来很费事，但当你看到听众在听到你第一个发现时兴奋起来，你就会得到回报。

使用简单易读的幻灯片

大多数人都会使用某种视觉效果来辅助演讲（如 PowerPoint 或 Prezi）。关键是要保持简单：幻灯片上的文字**和**你对幻灯片的描述应该比你的书面文字简单得多（我们知道有一位著名学者 241
说，任何幻灯片上的文字都不能超过九个字。这种限制可能有点极端，但这位学者是一位出色的演讲家。你可以效仿他的做法，但稍微多用几个字）。

- 视觉效果最重要的特点是让人能够清楚看到。因此，要确保每张幻灯片上的**每一个字、每一个数字和每一个变量**都足够大，以便房间后面的人也能够看清。主要标题可能至少要用 44 号字体。任何内容都不应小于 22 号字体。
- 想想你的听众会做些什么。如果幻灯片包含太多信息，听众就会一边看幻灯片，一边听你讲课，两者都做不好。

- 每张幻灯片都应该做两件事中的一件：要么以可视化的形式展示你将要讨论的信息，要么提供研究进展的路标。你的演讲是对项目的简单描述；视觉效果应引导听众理解你的演讲内容，帮助他们按照你的逻辑顺序进行讨论，而不是重复你的演讲内容。
- 在演讲前预览演讲幻灯片设置中的任何颜色或其他格式。有时，在电脑上看起来很好的东西在投影屏幕上却显示不出来。白底黑字（或柔和的浅色背景）总是最安全的选择。花哨的东西可能很诱人，但简单的白底黑字实际上更容易阅读。
- 可视性原则在展示结果时尤为重要。不要让观众看到任何不需要的东西。这意味着你需要制作新版本的图形和图表，除关键部分外，去掉所有内容，并将字体变大。

242

- 尽可能使用图形和曲线图；它们比表格更具视觉趣味性，也更容易理解。任何视觉效果都应干净、简洁、醒目。不要在表格中列出几百个数字，然后说：“我知道你们看不懂，但是……”如果他们看不懂，你为什么要把它放上去？
- 如果你想展示一个表格，最好只展示对你的论点至关重要的几个标签和数字，并说明你略去的部分（在幻灯片上用较小的字体标出或你在演讲中口头说出）。例如，如果你的关键自变量是种族和性别，那么你可以只展示这两个系数（当然要清楚地标注出来），并说明还有其他10个控制变量你未做展示，以确保听众相信结果不是虚假的。

- 避免文字移动和旋转过渡等噱头。保持简洁，将精力放在演讲内容和表述清晰度上。

不要把整句话放在幻灯片上然后大声朗读

没有什么比让别人给他们朗读幻灯片更侮辱听众的了，因为他们自己也能更快地读完幻灯片。如果你很紧张或害怕忘记重要的内容，你可能想把演讲内容写出来。但不要只是粘贴论文的部分内容作讲稿；演讲应该更像一场 TED 演讲，而不是朗读一篇书面研究论文。使用简短、清晰的句子（甚至是不完整的句子：有时这在口头上有效，但在正式写作中却不被接受）。

演讲速度比你认为需要的还要再慢一点

口语表达比阅读更难理解复杂的观点，因为我们无法让演讲者停下来以便思考或回顾演讲的内容。一定要让听众有时间思考 243
你所说的内容。当你在幻灯片上展示数据、图表或其他复杂材料时，这一点尤为重要。先让听众看完幻灯片，并在他们看幻灯片时保持几秒钟安静。

开头和结尾

开始时，用一张漂亮、正式的幻灯片，写上你的演讲题目、你的姓名、所属单位、地点（你演讲的会议或课堂）以及日期。

因为演讲稿通常会像论文一样被分发出去，所以你希望它能被识别为你的作品。此外，幻灯片标题页还可以在你等待开始时展示一些东西。最后，尽量向听众预告你的演讲即将结束。你可以使用一张总结幻灯片，向他们介绍你希望他们从你的研究报告中获得的两三个要点。你还可以在结束时对未来的研究提出建议。无论如何，提醒听众你即将结束演讲，可以让他们有机会准备提问、鼓掌或做接下来的任何事情，而不会留下尴尬的停顿。为了表示你已经讲完了，可以说“感谢你们的关注”之类的话。

如果可能的话，在完成论文写作之前，找机会向听众展示你的研究成果。这次展示是你整理项目思路的绝佳机会。当你思考要为他人强调什么时，往往会领悟到你自己分析中最重要的发现。而且，多尝试表达，我们经常能找到更好的方法来组织材料或突出最重要的观点。

245

附录B

回应专业同行评审

如果你提交研究报告到真正的期刊上发表，该领域的专家会对你的论文进行评审，这一过程称为**同行评审**。但作为一名新研究人员，审阅你论文的人并不是你真正的同行。他们是对你有影响力的人。我们在此提供的指导主要针对期刊投稿时编辑和盲审者给你的审稿意见，但也适用于教授在阅读你的作品时给出的严肃评论。

我们要认识到，这种经历包含着强烈的情感。写作是一项艰苦的工作，是一个创造性的过程，也是一个常常让我们感到脆弱的过程。在你倾注了如此多心血的作品上得到正式的反馈是令人不安的。除非对你作品的回应是“这部手稿太棒了，绝对完美”（祝你好运），否则你会感到沮丧和失望……甚至可能消沉一段时间。我们建议你仔细阅读这些评论和决定，然后把它们放几天，直到情绪平复下来。我们中很少有人能在情绪低落时消化这些评论，而且这也不是开始写作的好时机。

情绪稳定下来后，通读评论，寻找最广泛、最重要的改进建议。在这个阶段，花很多时间在审稿人提供的较小的编辑建议上是没有用的。毕竟，如果你重写论文的大部分内容，你可能会删
246 掉他们评论的整个部分。寻找对论证结构有影响的问题、你遗漏的文献、进一步分析以排除其他假设的建议、对证据的困惑、对结论的争议。这些都是决定论文是否对学科文献有贡献的结构性问题。

如果对你论文的目的有重大误解，请记录下来。批评审稿人是很有诱惑力的。他们怎么会没注意到你在上一部分或下一部分或其他部分解释了这个问题……审稿人太马虎了！但仔细回想一下你就会发现，这些人可能比几乎所有未来的读者都更仔细地阅读了你论文的发表版本。因此，如果他们误解了你，那是你的问题。作为写作者，**你的**职责就是确保读者**不会**误解。总之，不要把你与审稿人的关系看成是对立的。认真对待他们的批评几乎肯定会改进你的论文。

作为一名学生，你习惯于只从一个权威人士即你的教授那里获得反馈。从三个或更多人那里获得反馈可能会让人困惑，因为他们不会对所有事情都有相同的看法。常见的情况是，一位审稿人对你论文的某个方面有严重的疑虑，而另一位审稿人却只字不提。更令人困惑的是，一位审稿人称赞了你做的某件事，而另一位审稿人却批评了同一件事！

因此，你需要从战略角度考虑这个问题：如果不止一位审稿人批评了你论文中某些特殊的、实质性的东西，那么这就必须加以纠正。唯一的例外情况是，这个问题在其他类型的出版物中并不那么重要。在这种情况下，可能是你把论文投错地方了。

如果两位审稿人在某些问题上**存在分歧**，请再次确认是否真的存在分歧。通常情况下，论文存在问题，而审稿人提出了不同的解决方法，或者他们用不同的方式表达了问题。他们都想帮助 247
你，而问题是真实存在的。作为作者，你可以决定如何解决问题。但是，如果你忽视了他们的信号，就会自食其果。

当你收到期刊编辑的决定时，可能是拒稿、“R&R”（修改后重新投稿）或有条件接受。如果你不确定编辑信中这些类别的含义，一定要询问该领域的资深人士：不同期刊的编辑有时会使用不同的语言来表达这些意思（例如，有些编辑会说：“很遗憾，我们不能接受目前形式的论文，……”然后又说他们会接受修改后的稿件：不管你信不信，这都是好消息）。

根据编辑的不同决定，你对评审的回应也应有所不同。这不仅仅体现在你充满焦虑的哀嚎和喜悦的欢呼之间的差异。如果决定是拒稿，那么（在你冷静下来之后）先读读审稿意见，看看有哪些主要问题可能会影响其他期刊对论文的接受度。任何逻辑、证据或结论上的重大缺陷都不可能因为时间过去而消失。你需要直面这些问题，要么公开承认它们（如果它们无法弥补），但仍要为文章真正的贡献进行论证（尽管存在问题）；要么修改论文以解决这些问题。论文中一个非常常见的问题是前段（导言、文献综述和理论）与后段（方法、数据和分析）不匹配。这种不匹配往往发生在项目随时间演变的过程中。你一开始想回答一个问题，从而填补文献中的某一空白。但是你的证据并没有完全达到这个任务的要求，于是把你推向了另一个不同的分析——这可能比你一开始想做的更有趣……但是你的写作和修改并没有跟上这些变化。如果你有这个问题，你就必须解决它。

248 如果审稿人因为你不同意的根本原因（也许审稿人是从一个非常不同的社会学角度来看待这个主题的）而否定了你的论文，那么他或她的意见可能就无关紧要了。你可以希望不要再遇到这样的审稿人，或来自其同一学派的审稿人——但你不可能为了取悦这类审稿人而修改论文，所以不要尝试。解决可解决的问题，但此时也不要一味违心听从建议：这份期刊不会接受你的论文。

如果你通过了“修改后重新投稿”的审稿，那么你现在已经踏上了发表论文的道路。在这种情况下，要认识到编辑拥有完全的权力。如果她（他）告诉你某位审稿人的意见很重要，那就是**很重要**。处理好它。

每位审稿人提出的每个实质性问题都应得到处理。我们并不是说你必须对每位审稿人说的每件事都照做，但如果你选择不接受某些建议，因为你确信它是错误的，你就需要在给编辑团队的备忘录中有力地论证你的观点。有时，在你的论文中直接回应这些误读也是有用的，你可以说“有些人可能会认为 X，但是……”，其中 X 就是审稿人的建议。如果这是对你论文的普遍反映，那么最有效的办法是，告诉更广泛的学术界为什么 X 不是一个问题（或者你为什么不同意这个论点）。

在你完成论文修改并准备重新投稿后，请务必再次整体阅读论文（希望你能找到友好的同事也帮你这样做）。有时零敲碎打的修改会破坏文章的流畅性。你需要不断打磨论文，直到它再次成为一个连贯的产品。

开始修订后，立即撰写修订备忘录。列出你需要以某种方式解决的要点。当你决定是否以及如何解决每个问题时，将你的决定记录在备忘录中。在对文件进行修改时，记录下你为解决被指 249
出的问题所做的工作。在备忘录的最终版本中，首先感谢编辑和审稿人对你的工作提出的有益意见，然后依次讨论每个人提出的问题，说明你是如何解决这些问题的，并在稿件中给出页码 / 行号，以便他们找到这些修改。新手有时会在这份备忘录中表现出好斗的语气；而他们资历更深的同事则更容易表现出尊重的态度（如果不是近乎谄媚的话）。事实上，这些人是在帮助你改进作品，使之能够发表——他们有权决定在该刊物上发表什么。要有礼貌。

最后一点建议：每个人都会经常被退稿。我们最好的期刊的录用率只有个位数。因此，发表文章是一个漫长的、常常令人沮丧的过程。然而，你在文献检索中读到的每一篇文章都经历了这个过程。一旦你的文章发表了，你的学术成果就会一直存在，供其他人阅读，并在此基础上开展自己的研究。至此，你才真正加入了我们在第一章中讨论的学术对话。欢迎来到我们的世界。

参考文献

注：本文献列表第一部分包括为解释文内引用提供证明所使用的资料。为说明写作策略所使用的示例资料，请见文献第二部分。

"Another Gay Parenting Study Finds Children Do Best With Mom and Dad; Will the Supreme Court Care?" Retrieved January 1, 2016.

"ASA Guide to Writing an Informative Abstract." Retrieved January 1, 2016.

Back, Les. "Take Your Reader There: Some Notes on Writing Qualitative Research." Retrieved January 1, 2016.

"Biography of Alejandro Portes." Retrieved December 31, 2015.

Bizup, Joseph. 2008. "BEAM: A Rhetorical Vocabulary for Teaching Research-Based Writing." *Rhetoric Review* 27(1): 72–86.

Borsari, Brian, and Kate B. Carey. 2001. "Peer Influences on College Drinking: A Review of Research." *Journal of Substance Abuse* 13: 391–424.

Brett, Paul. 1994. "The Results Section in Sociology Articles." *English for Specific Purposes* 13(1): 47–59.

Deegan, Mary Jo. 1988. *Jane Addams and the Men of the Chicago School*, 1892–1918. New Brunswick, NJ: Transaction Books.

Firestone, William A. 1987. "Meaning in Method: The Rhetoric of Quantitative and Qualitative Research." *Educational Researcher* 16(7): 16–21.

Goffman, Erving. 1979. *Gender Advertisements*. New York: Harper & Row.

Huang, Grace C. et al. 2014. "Peer Influences: The Impact of Online and Offline Friendship Networks on Adolescent Smoking and Alcohol Use." *Journal of Adolescent Health* 54(5): 508–514.

Knight, Louise W. 2005. *Citizen: Jane Addams and the Struggle for Democracy*. Chicago: University of Chicago Press.

Lambert, Tracy A., Arnold S. Kahn, and Kevin J. Apple. 2003. "Pluralistic Ignorance and Hooking Up." *The Journal of Sex Research* 40(2): 129–133.

Lehmann, Hartmut, and Guenther Roth, ed. 1993. *Weber's Protestant Ethic: Origins, Evidence, Contexts*. Washington, D.C.: German Historical Institute; New York: Cambridge University Press.

Lewis, David Levering, and Willis, Deborah. 2005. *A Small Nation of People: W. E. B. Du Bois and African American Portraits of Progress*. New York: HarperCollins.

McClintock, Elizabeth Aura. 2014. "Beauty and Status: The Illusion of Exchange in Partner Selection." *American Sociological Review* 79(4): 575–604.

"Men More Unsatisfied With Extra Chores in More Gender Equal Countries." Retrieved January 1, 2016.

Merton, Robert K. 1969. "Foreword to a Preface for an Introduction to a Prolegomenon to a Discourse on a Certain Subject." *American Sociologist* 4(2): 99.

Mills, C. Wright. 1959. "On Intellectual Craftsmanship." Appendix to *A Sociological Imagination*, pp. 195–226. Oxford: Oxford University Press.

Robinson, Keith, and Angel Harris. 2014. *Broken Compass: Parental Involvement with Children's Education*. Cambridge, MA: Harvard University Press.

Streib, Jessi. 2015. *The Power of the Past: Understanding Cross-Class Marriages*. New York: Oxford University Press.

Sullins, Donald Paul. 2014. "Child Emotional Problems in Non-Traditional Families." *SSRN Electronic Journal*. Retrieved December 2, 2015.

Swales, John M. 2011. *Aspects of Article Introductions*. Ann Arbor: University of Michigan Press.

"Using 'Pseudoscience' to Undermine Same-Sex Parents." Retrieved January 1, 2016.

Villarreal, Andrés. 2014. "Ethnic Identification and its Consequences for Measuring Inequality in Mexico." *American Sociological Review* 79: 775–806.

Wingfield, Adia Harvey. 2010. "Are Some Emotions Marked 'Whites Only'? Racialized Feeling Rules in Professional Workplaces." *Social Problems* 57(2): 251–268.

"Write and Get Paid." Retrieved January 1, 2016.

说明写作策略所使用的示例资料

Abrutyn, Seth, and A. S. Mueller. 2014. "Are Suicidal Behaviors Contagious in Adolescence? Using Longitudinal Data to Examine Suicide Suggestion." *American Sociological Review* 79(2): 211–227.

Amato, Paul R., and Danelle D. DeBoer. 2001. "The Transmission of Marital Instability Across Generations: Relationship Skills or Commitment to Marriage?" *Journal of Marriage and Family* 63(4): 1038–1051.

Bearman, Peter S., and James Moody. 2004. "Suicide and Friendships Among American Adolescents." *American Journal of Public Health* 94(1): 89–95.

Best, R. K. 2012. "Disease Politics and Medical Research Funding: Three Ways Advocacy Shapes Policy." *American Sociological Review* 77(5): 780–803.

Brown, T. H., Angela M. O'Rand, and D. E. Adkins. 2012. "Race-Ethnicity and Health Trajectories: Tests of Three Hypotheses across Multiple Groups and Health Outcomes." *Journal of Health and Social Behavior* 53(3): 359–377.

Burton, Linda M., and Lea Bromell. 2010. "Childhood Illness, Family Comorbidity, and Cumulative Disadvantage: An Ethnographic Treatise on Low-Income Mothers' Health in Later Life" *Annual Review of Gerontology and Geriatrics* 30(1): 233–265.

Chaves, Mark, Laura Stephens, and Joseph Galaskiewicz. 2004. "Does Government Funding Suppress Nonprofits' Political Activity?" *American Sociological Review* 69(2): 292–316.

Cort, Malcolm A. et al. 2009. "Education and Internalized Racism in Socio-Political Context: Zimbabwe and Swaziland." *The Social Science Journal* 46(4): 644–655.

Cross-Barnet, Caitlin, Andrew Cherlin, and Linda Burton. 2011. "Bound by Children: Intermittent Cohabitation and Living Together Apart." *Family Relations* 60(5): 633–647.

Eder, Donna. 1985. "The Cycle of Popularity: Interpersonal Relations Among Female

Adolescents." *Sociology of Education* 58(3): 154.

Goldberg, Chad Alan. 2011. "The Jews, the Revolution, and the Old Regime in French Anti-Semitism and Durkheim's Sociology." *Sociological Theory* 29(4): 248–271.

Hamilton, L., C. Geist, and Brian Powell. 2011. "Marital Name Change as a Window Into Gender Attitudes." *Gender & Society* 25(2): 145–175.

Harnois, Catherine E., and Mosi Ifatunji. 2011. "Gendered Measures, Gendered Models: Toward an Intersectional Analysis of Interpersonal Racial Discrimination." *Ethnic and Racial Studies* 34(6): 1006–1028.

Healy, Kieran. 2004. "Altruism as an Organizational Problem: The Case of Organ Procurement." *American Sociological Review* 69(3): 387–404.

Hippen, Benjamin. 2007. "Last Best Gifts: Altruism and the Market for Human Blood and Organs—by Kieran Healy." *American Journal of Transplantation* 7(1): 261–262.

Huang, Chien-Chung, and Wen-Jui Han. 2007. "Child Support Enforcement and Sexual Activity of Male Adolescents." *Journal of Marriage and Family* 69(3): 763–777.

Huang, Grace C. et al. 2014. "Peer Influences: The Impact of Online and Offline Friendship Networks on Adolescent Smoking and Alcohol Use." *Journal of Adolescent Health* 54(5): 508–514.

Kreager, D. A. 2007. "Unnecessary Roughness? School Sports, Peer Networks, and Male Adolescent Violence." *American Sociological Review* 72(5): 705–724.

Kreager, D. A., and D. L. Haynie. 2011. "Dangerous Liaisons? Dating and Drinking Diffusion in Adolescent Peer Networks." *American Sociological Review* 76(5): 737–763.

Leonard, Thomas C. 2005. "Protecting Family and Race. The Progressive Case for Regulating Women's Work." *American Journal of Economics and Sociology* 64(3): 757–791.

Lichter, Daniel T. 1989. "Race, Employment Hardship, and Inequality in the American Nonmetropolitan South." *American Sociological Review* 54(3): 436.

Lichter, Daniel T. 2013. "Integration or Fragmentation? Racial Diversity and the American Future." *Demography* 50(2): 359–391.

Longest, Kyle C., and Steve Vaisey. 2008. "Control or Conviction: Religion and Adolescent Initiation of Marijuana Use." *Journal of Drug Issues* 38(3): 689–715.

Maume, David J. 2011. "Reconsidering the Temporal Increase in Fathers' Time with Children." *Journal of Family and Economic Issues* 32(3): 411–423.

McCarthy, B., and T. Casey. 2008. "Love, Sex, and Crime: Adolescent Romantic Relationships and Offending." *American Sociological Review* 73(6): 944–969.

McCarthy, John D., Andrew Martin, and Clark McPhail. 2007. "Policing Disorderly Campus Protests and Convivial Gatherings: The Interaction of Threat, Social Organization, and First Amendment Guarantees." *Social Problems* 54(3): 274–296.

McPherson, Miller, Lynn Smith-Lovin, and James M. Cook. 2001. "Birds of a Feather: Homophily in Social Networks." *Annual Review of Sociology* 27(1): 415–444.

Miller, Kathleen E., Merrill J. Melnick, Grace M. Barnes, Michael P. Farrell, and Don Sabo. 2005. "Untangling the Links Among Athletic Involvement, Gender, Race, and Adolescent Academic Outcomes." *Sociology of Sport Journal* 22(2): 178–193.

Morris, E. W. 2008. "'Rednecks,' 'Rutters,' and `Rithmetic: Social Class, Masculinity, and Schooling in a Rural Context." *Gender & Society* 22(6): 728–751.

O'Brien, T. L., and S. Noy. 2015. "Traditional, Modern, and Post-Secular Perspectives on Science and Religion in the United States." *American Sociological Review* 80(1): 92–115.

Read, Jen'nan Ghazal. 2007. "More of a Bridge Than a Gap: Gender Differences in Arab-American Political Engagement." *Social Science Quarterly* 88(5): 1072–1091.

Robinson, Dawn T., Lynn Smith-Lovin, and Olga Tsoudis. 1994. "Heinous Crime or Unfortunate Accident? The Effects of Remorse on Responses to Mock Criminal Confessions." *Social Forces* 73(1): 175–190.

Schneider, Barbara Lynn, Gregory Wallsworth, and Iliya Gutin. 2014. "Family Experiences of Competition and Adolescent Performance: Competition and Adolescent Performance." *Journal of Marriage and Family* 76(3): 665–676.

Soller, Brian, and Dana L. Haynie. 2013. "Structuring the Future: Anticipated Life Events, Peer Networks, and Adolescent Sexual Behavior." *Sociological Inquiry* 83(4): 537–569.

Sykes, J., K. Kri, Kathryn Edin, and Sarah Halpern-Meekin. 2015. "Dignity and Dreams: What the Earned Income Tax Credit (EITC) Means to Low-Income Families." *American Sociological Review* 80(2): 243–267.

Szabo, Michele. 2013. "Foodwork or Foodplay? Men's Domestic Cooking, Privilege and Leisure." *Sociology* 47(4): 623–638.

Trinitapoli, Jenny, and Stephen Vaisey. 2009. "The Transformative Role of Religious Experience: The Case of Short-Term Missions." *Social Forces* 88(1): 121–146.

Tsoudis, Olga, and Lynn Smith-Lovin. 1998. "How Bad Was It? The Effects of Victim and Perpetrator Emotion on Responses to Criminal Court Vignettes." *Social Forces* 77(2): 695.

Umberson, Debra, Hui Liu, John Mirowsky, and Corinne Reczek. 2011. "Parenthood and Trajectories of Change in Body Weight over the Life Course." *Social Science & Medicine* 73(9): 1323–1331.

索引

索引条目中的页码为原书页码，已在本书页边标出。页码中的f和t分别表示图和表。

A

Abrutyn, Seth 赛思·穆尔雷拉 214, 214*f*
abstract questions 抽象问题 59
abstracts 摘要
  ASA guidelines 美国社会学协会（ASA）指南 143–144
  formatting and file naming 格式化和文件命名 236
  for original research with data 有数据的原创研究 142–146
  variations 变体 144–146
academia 学术界
  academic writing 学术写作 195
  sociological writing in 学术界的社会学写作 6–11
  writing outside of 学术界之外的社会学写作 11–14
academic research 学术研究 12
acknowledgments 致谢/承认
  formatting and file naming 格式和文件命 235

of limitations（承认）局限性 138–141
active voice 主动语态
defined 定义 206
for describing data 用于描述数据 208
with passive voice 与被动语态 207, 208
for prior research 用于以往研究 207
style norms 文体规范 206–208
Addams, Jane 简·亚当斯 3–4, *4*
Add Health. *See* National Longitudinal Study of Adolescent Health Add Health 见全国青少年健康纵向研究
American Journal of Sociology《美国社会学杂志》19, 164, 165
American National Election Survey 美国全国选举调查 72
American Sociological Association (ASA) 美国社会学协会（ASA）19
abstract guidelines 摘要指南 143–144
formatting and file naming citations 格式化和文件命名引文 184–191
in-text citation style 文内引用样式 186–188
in-text citation tips 文内引用建议 180–183
reference list 参考文献列表 188–189
American Sociological Review《美国社会学评论》88, 139, 164, 165, 192
analysis 分析
statistical 统计分析 7, 208
Survey Documentation Analysis 调查文献分析 72
Annual Review of Sociology《社会学年度评论》9, 49–50, 164, 165
"Are Suicidal Behaviors Contagious in Adolescence? Using Longitudinal Data to Examine Suicide Suggestion" (Abrutyn and Muellera)《青少年自杀行为是否具有传染性？使用纵向数据研究自杀暗示》(阿伯卢汀和穆尔雷拉）214, 214*f*
arguments. *See* also counterarguments 论点/论据 另见反驳
novice mistakes 新手错误 225
peer review issues 同行评审问题 245–246
sources 资料（来源）150–153, 178–179
sources supporting claims 支持观点的资料 150–151
summarizing 概述/总结 17–18
waffle mix 华夫饼速成论证法 43
article review 文章评论
genre 体裁 16–19
introduce work 介绍作品 17
relate to class discussions 与课堂讨论有关 18

summarize argument 总结论点 17–18
title 标题 19
ASA. *See* American Sociological Association ASA 见美国社会学协会
audience 受众/听众/读者
experience essay 经验论文 25
in original research presentations 在原创研究演讲中 242–243
research proposals 研究计划书 111–112
research reports 研究报告 84
slides 幻灯片 241
authoritativeness of sources 资料来源的权威性 167–168
authors 作者
intention 意图 17
magazine and newspaper 杂志和报纸 177
no author in citations 无作者引用 190

B

Back, Les 雷·巴克 117
background sources 背景资料 149–150, 178
bias, in sources 材料中的偏见 170
block quotations 整段引文 123–124, 151, 181–182, 190
blogs 博客 7, 11, 23
book review 书评
for author' s intentions 作者意图 17
finding flaws 发现缺陷 16
genre 体裁 7, 16–19
include other reviews 包括他人的评论 18–19
introduce work 介绍作品 17
models 模式 19
reference list 参考文献列表 19
relate to class discussions 与课堂讨论有关 18
summarize argument 总结论点 17–18
text review 文本评论 17
title 标题 19
brackets 括号 159–160
Broken Compass: Parental Involvement in Children's Education (Harris and Robinson)《破碎的指南针：父母参与子女教育》(哈里斯和鲁宾逊）11

budget, in research proposals 研究申请书中的预算 113

C

Call for Proposals (CFP) 申请征集书（CFP）113
case studies 案例研究文章
connecting events and concepts 连接事件和概念 21
describing case 案例描述 20–21
executive summary for 执行概述 142
genre 体裁 19–21
goal of 目标 20
models 模式 21
questions for 问题 20
Cato Institute 凯托研究所 170–172
CFP. *See* Call for Proposals CFP 见征集申请
charts 图表 133
Chicago School 芝加哥学派 3
Chicago style 芝加哥引用样式 185
citations. *See also* in-text citations; reference list; sources 引用 见文内引用；参考文献列表；资料（来源）
ASA formatting and file naming ASA格式和文件命名 184–191
ASA reference list ASA参考文献列表 188–189
block quotations 整段引文 190
early start 早期开始 184
how to format 如何格式化 183–185
journal articles 期刊论文 188–189
legal, ethical, rhetorical reasons for 法律、道德、修辞理由 176–177
management systems for 管理系统 185
no author 无作者 190
page numbers 页码 190
from the Web 来自网络 190–191
where to cite 引用位置 177–180
writing issues 写作问题 233
claims 主张/观点
argument sources supporting 论据资料支持 150–151
in library research papers 图书馆文献研究论文 42–43
classic or canonical sources 经典或正典资料 153

clauses 分句 219
clichés 陈词滥调 230
coherence 连贯性
as style guide 作为样式指南 209–215
in unit introductions 在单元引言中 211–215
in units of discourse 在语篇单元中 210–211
comparison. *See* contrast and comparison 对比 见比较和对比
concessions 让步
defined 定义 226
example 示例 227
style 样式 224–227
conciseness 简明扼要
paragraph triage 段落分流 216–218
pruning sentences 修剪句子 218–224
style 样式 216–224
conclusions 结论
Literature Review section 文献综述部分 102
from popular press reports 来自大众媒体报道 45
Theory section 理论部分 102
concrete questions 具体问题 59
connections 联系
events and concepts 事件和概念 21
experiences and ideas 经历与观点 15
to prior research 与以往研究 61–62
among sources 资料之间 37–38
Contemporary Sociology《当代社会学》19
contemporary sources 当代资料 153
context 背景/情境/上下文/语境
sociology in 社会学 5–6
for summarizing 用于概括 162–163
for text recycling 用于文本再利用 196–197
writing, for sociologists 社会学家写作 6
contrast and comparison 比较和对比
in experience essay 在经验论文中 24–25
in fiction or art response 在小说或艺术反馈中 31
library research papers and research reports 图书馆文献研究论文和研究报告 33–34
novelty and progress 新颖性和进展 89

in Results section 在结果部分 118–119
among topics and questions 在主题和问题之间 53, 55, 66
control variables 控制变量 139
conversation, in sociology 社会学中的对话 1–2
core articles 核心文章 71, 75, 77–78
counterarguments 反驳
defined 定义 226
example 示例 226–227
style 样式 224–227
in theory-focused genres 理论取向的体裁 227
credentials 证书 167–169
cynical stage 愤世嫉俗阶段 79

D

data. *See also* original research, before data; original research, with data 数据 另见数据获得前的原创研究；数据获得后的原创研究
active or passive voice for describing 主动语态或被动语态描述 208
experience essay 经验论文 26
sets 数据集 9
databases 数据库 8
for data collection 数据收集 70–74
library 图书馆 76, 192
meanings 含义 71–72
Methods section description 方法部分描述 104–105
publishers and 出版商和 169
data collection 数据收集 8–9
analysis 分析 107
databases for 数据库 70–74
interviews 访谈 106
Methods section description 方法部分描述 105–110
time in developing research questions 研究中数据收集时间 69–74
debate 辩论 228
deductive reasoning 演绎推理 231
deliberation 深思熟虑 228
dependent variables 因变量 64, 68–69
descriptions 描述

active voice for 主动语态的 208
case study 案例研究文章 20–21
databases 数据库 104–105
data collection 数据收集 105–110
fiction or art response 小说或艺术反馈 32
figures 图表 208
future research 未来研究 140
internship report 实习报告 26
passive voice for 被动语态 208
tables 表格 208
developing research questions 提出研究问题
connecting to prior research 与以往研究相联系 61–62
data collection 数据收集 69–74
from existing research to new project 从现有研究到新项目 62–65
narrowing question 缩小问题范围 66–69
novelty and 新颖性和 60–61, 65–66
by novices and experts 由新手和专家提出 56–57
requirements 要求 57
sociological questions 社会学问题 58–60
diagrams 示意图 135
Discussion section 讨论部分
checklist 检查单 142
for explaining findings 用于解释研究发现 136
first person in 第一人称 205–206
insufficient time for research explanation 用于解释研究的时间不足 140–141
for original research with data 用于有数据的原创数据研究 136–142
answering research question 回答研究问题 137–138
future research description 未来研究描述 140
limitations acknowledgment 承认局限性 138–141
display items 展示项目 128
ditto statement 同上陈述 119–120
The Division of Labour in Society (Durkheim)《社会分工论》(涂尔干) 166
DuBois, W. E. B. W. E .B. 杜波依斯 3, *3*
Durkheim, Emile 埃米尔·涂尔干 1, 159, 166, 193

E

EBSCO 全文数据库（EBSCO）169
editorials 社评 10–11
electronic files 电子文档 236–237
Elsevier 爱思唯尔 169
Endnote Endnote 80, 185
essays 散文 19, 195 另见experience essay 经验论文
et al. 等 179–181, 187
ethics 伦理学
  ethical sensibility 道德感 4
  reasons for citations 引用理由 176–177
ethnography 民族志 2, 27
  in observations 观察 69
ethos 精神气质 225
evidence 证据
  confusion over 困惑 246
  flaws in 缺陷 247
executive summary 执行概述 142
expectations 期望/预期
  meeting 满足 24
  of methodologies 方法的 104
  of professors 教授的 16, 202
  reader 读者 169
experience essay 经验论文
  audience 读者 25
  contrast and comparison in 比较和对比 24–25
  data 数据 26
  first person for 第一人称 22
  framing examples of abstract concepts 抽象概念的框架示例 22–23
  genre 体裁 22–26
  quotations in 引文 24
  Results section 结果部分 26
  structure options 结构选项 23–24
  title 标题 23
experts 专家
  citing, in library research papers 在图书馆文献研究论文中引用 49–50

developing research questions 提出研究问题 56–57
research reports read by 研究报告阅读者 86
explanations 解释 141–142

F

facts, inventing 编造事实 230
feedback. *See also* peer reviews 反馈 另见同行评审
formal 正式的 245
on prospectus 关于申报书 36
on rough draft 关于初稿 82–83
textual gifts 文本礼物 197–198
fiction or art response 评论小说或艺术
choosing descriptive detail 选择描述性细节 32
contrasting examples 对比例子 31
genre 体裁 30–32
professional language for 专业语言 32
figures 图表/数字
describing 描述 208
in Results section 在结果部分 128–135
simple and readable 简单易读 242
file naming. *See* formatting, and file naming 文件命名 见格式化和文件命名
finding literature. *See also* literature reviews; Literature Review section 查找文献 另见文献综述；文献综述部分
appropriate sources 合适的资料 77–78
core articles 核心文章 77–78
defining literature 定义文献 75–76
library research tips 查找文献的技巧 38–39
note taking in 笔记 80
for original research 原创研究 74–80
path to enlightenment 启蒙之路 78–80, 79f
process 过程 80
Firestone, William 威廉·费尔斯通 121
first person 第一人称
in Discussion section 讨论部分 205–206
for experience essay 经验论文 22
in Introduction section 导言部分 203–204

in Literature Review section 文献综述部分 204
in Methods section 方法部分 204–205
professor preference 教授偏好 202, 204–205
in Results section 结果部分 205
in scholarly research writing 学术研究写作 201–203
style usage 样式用法 201–206
in Theory section 在理论部分 204
"Foreword to a Preface for an Introduction to a Prolegomenon to a Discourse on a Certain Subject" (Merton) "关于某个主题的论述的序言的导言之前言的引言"(默顿) 5
formatting, and file naming acknowledgments 格式化和文件命名
acknowledgments 致谢 235
ASA for citations ASA引用 184–191
citations 引用 183–185
electronic files 电子文档 236–237
overview 综述 234–235
page numbers 页码 236
recycled text 重复使用的文字 235
summaries and abstracts 概述和摘要 236
table of contents 目录 236
title page 扉页 235
future research description 未来研究描述 140

G

Gender Advertisements (Goffman)《性别广告》(戈夫曼) 31
Gender & Society《性别与社会》165
generalizing 归纳总结/泛泛而谈 27, 32
General Social Survey 综合社会调查 72–73
genres. *See also* library research papers; research proposals; research reports 体裁 另见图书馆文献研究论文；研究计划书；研究报告
article review 文章评论 16–19
blogs 博客 7, 11, 23
book review 书评 7, 16–19
case studies 案例研究文章 19–21
editorials 社评 10–11
experience essay 经验论文 22–26
fiction or art response 小说或艺术反馈 30–32

internship report 实习报告 26–30
literature reviews 文献综述 6–7, 9–10
op-ed columns 专栏 7
theory-focused 理论取向的 227
Gini coefficient 基尼系数 11
goals 目标
of case studies 案例研究文章 20
internship research projects 实习研究项目 29
of sociologists 社会学家 7
Goffman, Erving 欧文 · 戈夫曼 31
Google 谷歌 169
Google Scholar 谷歌学术 38, 66
government agencies 政府机构 169
grants 资助 10, 111, 196 另见research proposals 研究申请书
graphs 图表
interpreting 解释 130–131
line graph 线形图 135
for presentations 用于展示 242
grounded theory methodology 扎根理论方法 107
gullible stage 轻信阶段 78–79

H

Harris, Angel 安杰尔 · 哈里斯 10–11
Harvard Business School 哈佛商学院 19
Harvard Case Studies 哈佛案例研究文章 21
healthy skepticism stage 健康的怀疑主义 79
Healy, Kieran 基兰 · 希利 11
holding tank file 保温箱文件 217
Huang, Grace C. 格雷丝 · C. 黄 67–68
Hull House 赫尔之家 4
hypothesis 假设
numbering each 每个假设的编号 100–101
in prospectus 计划书 37
supporting 支持 101

I

ibid 同上 185
ICPSR. *See* Inter-University Consortium for Political and Social Research ICPSR 见政治与社会研究校际联盟
ideas 观点
  experiences and 经验与 15
  sociological 社会学 154
identity meanings 身份含义 59
ideologies 意识形态 59
independent variables 自变量 64
inductive reasoning 归纳推理 231
in-line quotations 嵌入式引文 123–124
Insert Comment feature 插入评论功能 217
in-text citations 文内引用 177–180
institutional review board (IRB) amendment filing 伦理审查委员会（IRB）修正案 115
  Methods section focus 方法部分重点 114
  protocol 协议 114
  research proposal approval 批准研究申报书 113–114
Intel 英特尔 13–14
International Social Survey Programme (ISSP) 国际社会调查计划（ISSP）73
internship report 实习报告
  generalizing in 概括 27
  genre 体裁 26–30
  note taking 笔记 27
  organization description in 组织描述 26
  qualitative observations in 定性观察 28
internship research projects 实习研究项目
  goals 目标 29
  methods 方法 29
  questions 问题 28
  results 结果 30
interpretive and introspective sociologists 解释型和内省型社会学家 202, 204–205
Inter-University Consortium for Political and Social Research (ICPSR) 政治与社会研究校际联盟（ICPSR）70–71, 105
interviews 访谈 13–14
  data collection 数据收集 106

in Methods section 方法部分 104
in-text citations 文内引用
ASA style ASA文内引用样式 186–188
ASA tips ASA文内引用建议 180–183
examples 示例 178–180
locations for 位置 178
pointing to reference list 指向参考文献列表 177
Web pages 网页 191
Introduction section 导言部分
checklist 检查单 95
example 示例 88–89
first draft 初稿 87
first person in 第一人称 203–204
fleshed-out in Theory section 在理论部分充实 97–98
as Literature Review outline 作为文献综述大纲 97
moves for 步骤 88, 90–95
progress versus novelty 进展与新颖性 89
sources in 资料 90–93
structured moves for 结构化步骤 87–95
text recycling 文本再利用 196
writing for original research before data 数据获得前的原创研究写作 86–95
IRB. *See* institutional review board IRB 见伦理审查委员会
ISSP. *See* International Social Survey Programme ISSP 见国际社会调查计划
iterative writing process 迭代写作过程 53–56

J

jargon 专业术语 161–162
journal articles 期刊文章 33, 164–165 另见article review; peer reviews 文章评论；同行评审
citations 引用 188–189
Journal for the Scientific Study of Religion《宗教科学研究杂志》165
Journal of Adolescent Health《青少年健康杂志》67
Journal of College Admission《大学入学杂志》171–172
Journal of Marriage and Family《婚姻与家庭杂志》165, 185
journals, keeping 写日记 16, 22
titles for entries 日记标题 23

JSTOR 西文过刊全文库(JSTOR) 72, 76, 192

K

Kreager, D. A. D. A. 克里格 211–212, 212*f*, 214
Kushner, Rose 罗斯·库什纳 151

L

Law & Society Review《法律与社会评论》165
legal reasons for citation 引用的合法理由 176–177
librarians 图书馆员
  for appropriate sources 适当的资料来源 77, 172
  for library research papers 图书馆文献研究论文 41–42
library databases 图书馆数据库 76
library research 图书馆文献研究
  question development for 提出问题 39–40
  source selection 资料选择 37–40
  Tips for finding a literature tips 查找文献的技巧 38–39
library research papers 图书馆文献研究论文
  claims supported in 有……支持的观点/主张 42–43
  excessive summary avoided in 避免过度概括 42
  experts cited in 利用专家 49–50
  hard questions embraced in 拥抱难题 43–45
  librarians for 图书馆员 41–42
  organization around questions 围绕问题组织 42
  overview 综述 33–34
  popular press reports for 大众媒体报道 45–49
  question and prospectus for 问题和计划书 34–37
  research reports compared to 与研究报告相比 33–34
  thesis 论文 42–43
  voice 观点 42
  writing tips 写作技巧 41–42
limitations 局限性
  acknowledgments of 承认 138–141
  style 样式 227–228
line graph 线形图 135

literature reviews 文献综述
  forms of 形式 9–10
  summarizing published literature 总结已发表的文献 6–7
  synthesizing existing studies 综合现有研究 9
Literature Review section 文献综述部分
  applying theory or model 应用理论或模型 98
  avoid sequential presentation of source 避免按顺序介绍资料来源 99–100
  checklist 检查单 102–103
  conclusion 结论 103
  first person in 第一人称 204
  hypothesis in 假设 100–102
  Introduction section as outline 作为大纲的导言部分 97
  organization 条理清晰 102–103
  for original research before data 在数据获得前进行的原创研究 96–103
  quoting to define key terms 引用关键术语的定义 99
  reading aloud 朗读 98
  summarizing to define key terms 总结关键术语的定义 98
  Theoretical Propositions subsection 理论假设小节 102
  tips 提示 96
Los Angeles Times《洛杉矶时报》164

M

main concepts 主要概念 64–65
Marx, Karl 卡尔·马克思 193
mathematical modeling 数学建模 7
McClintock, Elizabeth 伊丽莎白·麦克林托克 8
mechanisms 机制 81
mediocrity 平庸 41–45
memos 备忘录 14, 248–249
Mendeley Mendeley 80, 185
Merton, Robert K. 罗伯特·K. 默顿 5, 66
metaphors 陈词滥调 230
methods 方法
  expectations of methodologies 方法论的预期 104
  internship research projects 实习研究项目 29
  qualitative 定性的 121

of sociologists 社会学家 7, 96
sources 资料 154–156, 179
Methods section 方法部分
checklist 检查单 110
database description 数据库描述 104–105
data collection description 数据收集描述 105–110
detail 细节 110
early writing 尽早开始写作 103
first person in 第一人称 204–205
interviews in 访谈 104
IRB focus IRB协议的重点 114
organization 条理清晰 110
for original research before data 数据获得前的原创研究 103–110
purposes 目的 103
qualitative research 定性研究 106–107
quantitative studies 定量研究 107–108
text recycling 文本再利用 196
tweets example 推文示例 108–110
Mills, C. Wright C. 赖特·米尔斯 4–5
Modern Language Association (MLA) 现代语言学会 183–184
moves for Introduction section 导言部分的步骤 88, 90–95
Muellera, A. S. A. S. 穆尔雷拉 214, 214*f*
My Religion (Tolstoy)《我的宗教》(托尔斯泰) 4

N

National Home Education Research Institute (NHERI) 国家家庭教育研究所 171–172
National Longitudinal Study of Adolescent Health (Add Health) 全国青少年健康纵向研究 8, 72
National Study of the Changing Workforce 全国劳动力变化研究 73
National Study of Youth and Religion (NSYR) 全国青年与宗教研究 72
New Yorker《纽约客》164
New York Times《纽约时报》11, 164
NHERI. *See* National Home Education Research Institute NHERI 见国家家庭教育研究所
normal science 常规科学 66
note taking 笔记
in finding a literature 查找文献 80

internship report 实习报告 27
for organization 组织 5
novelty 新颖性
developing research questions and 提出研究问题和 60–61, 65–66
progress compared to 与……相比的进展 89
novices 新手
argument mistakes 论证错误 225
developing research questions 提出研究问题 56–57
in-text citations and 文内引用和 177
researchers 研究新手 87
revision memo and 修订备忘录和 249
NSYR. *See* National Study of Youth and Religion NSYR 见全国青年与宗教研究

O

observations 观察
ethnographic 民族志 69
qualitative 定性的 28
old school sociologists 老派社会学家 202, 204
"On Intellectual Craftsmanship" (Mills) "论知识分子的工匠精神"(米尔斯) 4–5
on-the-ground observation 实地观察 7
op.cit. 引用 185
op-ed columns 专栏 7
organization 条理清晰
in internship report 实习报告 26
library research papers 图书馆文献研究论文 42
Literature Review section 文献综述部分 102–103
Methods section 方法部分 110
note taking for 笔记 5
Theory section 理论部分 102–103
visuals 视觉效果 129
original research, before data 数据获得前的原创研究
Literature Review section 文献综述部分 96–103
Methods section 方法部分 103–110
overview 综述 82–83
research report defined 研究报告定义 83–86
Theory section 理论部分 96–103

writing Introduction section 撰写导言部分 86–95
writing research proposal 撰写研究计划书 111–115
original research, presentations 原创研究演讲
audience 听众 242–243
avoid reading slides 避免朗读幻灯片 242
beginning and ending 开头和结尾 243
brief literature review 简化文献综述 240
overview for 概述 239–240
simple visuals 简洁的视觉效果 240–241
speaking slowly 演讲速度慢一点 242–243
time limit 时间限制 239
original research, starting 开始原创研究
developing research question 提出研究问题 56–74
finding a literature 查找文献 74–80
overview 综述 51–52
research defined 研究定义 51–52
theoretical framework 理论框架 81
writing process overview 撰写过程概述 53–54
original research, with data 获得数据后的原创研究
abstract 摘要 142–146
Discussion section 讨论部分 136–142
overview 综述 116
Results section 结果部分 116–136
title 标题 146–147
overgeneralizations 泛泛而谈 32

P

page numbers 页码 190, 236
paragraphs 段落
length of 段落长度 234
triage 分流 216–218
writing issues 写作问题 234
paraphrasing 转述
in Results section 结果部分 121–128
sources 资料来源 156–163
summarizing compared to 概述与转述的对比 161–163

voice in 声音/观点 158–159
parenting skills 育儿技巧 11
passive voice 被动语态
with active voice 与主动语态 207–208
defined 定义 206
for describing data 描述数据 208
dogma and reality 教条与现实 208
for prior research 以往研究 207–208
style norms 样式规范 206–208
patchwriting 拼贴写作
avoiding 避免 192–193
defined 定义 192
patchwork essay 拼凑文章 19
plagiarism and 抄袭和 192–194
reasons for 原因 194
patterns 模式 122
"Peer Influences: The Impact of Online and Offline Friendship Networks on Adolescent Smoking and Alcohol Use" (Huang) "同伴影响：在线和离线友谊网络对青少年吸烟和饮酒的影响"（黄）67–68
peer reviews 同行评审
argument issues 论证问题 245–246
as confusing 容易困惑 246
disagreement in 意见分歧 246–247
irrelevant 无关紧要 248
rejection 拒稿 247
research reports 研究报告 10
responding to 回应 245–249
revision memo 修订备忘录 248–249
studies 研究 163–165
phrases to avoid 应避免的短语 230–231
plagiarism 抄袭
overview 综述 192
patchwriting and 拼贴写作与 192–194
text recycling as 作为……的文本再利用 195–197
textual gifts and 文本礼物与 197–198
pointer statement, in Results section 在结果部分的指示器式说明 120
policymakers 政策制定者 5

popular press reports 大众媒体报道
finding useful 发现有用的 45–47
for library research papers 图书馆文献研究论文 45–49
presenting conclusions from 提出结论 49
Portes, Alejandro 亚历杭德罗·波特斯 9
position papers 立场文件 12
practices to avoid 应避免的做法 230–231
presentations. *See* original research, presentations 演讲 见原创研究演讲
primary sources 一手资料 148, 150
prior research 以往研究
active and passive voice for 主动语态和被动语态 207–208
connections to 联系 61–62
in developing research questions 在提出研究问题时 61–62
processes. *See also* writing process 过程 另见写作过程
finding a literature 查找文献 80
iterative writing 迭代式写作 53–56
for variables in research question 研究问题中的变量 81
procrastination 拖延 36, 194
professional language 专业语言 32
proofreading 校对 232–233
prospectus 计划书
early development 尽快撰写 36
feedback on 反馈 36
hypothesis in 假设 37
for library research papers 图书馆文献研究论文 34–37
outline of components 内容提纲 36–37
reference list 参考资料清单 37
title 标题 36
prove 证明 231
publishers 出版商 169

Q

qualitative methods 定性方法 121, 202–203
qualitative research 定性研究 69–70
Methods section 方法部分 106–107
mistakes made in 所犯的错误 117

observations in internship report 实习报告中的观察 28
quantitative studies 定量研究 107–108
questionnaires 调查问卷 2, 29
questions 问题
abstract and concrete 抽象（问题）和具体（问题）59
answering research 回答研究（问题）137–138
for case study 案例研究文章 20
developing research 提出研究（问题）56–74
hard, in library research papers 图书馆文献研究论文中的（难题）43–45
internship research projects 实习研究项目 28
for library research 图书馆文献研究 39–40
for library research papers 图书馆文献研究论文 34–37
narrowing 缩小 35
processes for variables 联系变量的过程 81
research 研究（问题）7
for research proposals 研究计划书 10
sociological 社会学的（问题）35
topics compared to 与问题相比的主题 53, 55, 66
quotations 引文/引用 42, 48, 50
altering 修改 159–161
block 整段 123–124, 151, 181–182, 190
brackets for 括号 159–160
editing 编辑 126–128
of exact words 确切的词语 156–157
in experience essay 在经验论文中 24
fewest words possible 尽可能少的字数 157–158
in-line 嵌入式 123–124
in Results section 在结果部分 121–128
sources 资料 156–163
voice in 声音/观点 158–159
writing issues 写作问题 233

R

random 随机的 229
Rationality and Society《理性与社会》165
reading aloud 朗读

research proposals 研究计划书 233
Theory section 理论部分 98
recycled text 重复使用的文字 235
reference list 参考文献列表
ASA ASA 188–189
book review 书评 19
example 示例 189
in-text citations pointing to 指向……的文内引用 177
library databases excluded 不要包含图书馆数据库的名称 192
prospectus 计划书 38
sample 示例 172–175
Web pages 网页 191
RefWorks RefWorks 80, 185
rejection 退稿 249
repetition 重复 222
replication 重复研究 62–63
research. *See also* developing research questions; original research, before data; original research, presentations; original research, with data; prior research 研究 另见提出研究问题；数据获得前的原创研究；原创研究演讲；数据获得后的原创研究；以往研究
academic 学术的 12, 171, 177
defined 定义 51–52
from existing to new project 从现有研究到新项目 62–65
future 将来的 141
independent and dependent variables 自变量和因变量 64
insufficient time for 时间不足 140–141
paper 论文 52
parts of 部分 85
qualitative 定性的 69–70
questions 问题 7
setting 环境 63
research proposals 研究计划书
audience 读者 112
budget 预算 113
details 细节 112–113
evaluating as good 评估研究计划书是否优秀 112
for funding 申请资助 7
guidelines 指南 113

IRB approval IRB批准 113–115
posing questions 提出问题 10
project summary for 项目摘要 142
reading aloud 朗读 233
reading backward 倒读 233
timeline 时间安排 113
writing original research before data 撰写数据获得前原创研究 111–114
research reports 研究报告 7
audience 读者 83–84
defined 定义 83–86
experts reading 阅读……的专家 86
length of 长度 85
library research papers compared to 与……相比较的图书馆文献研究论文 33–34
new evidence in 新证据 9
peer reviewed 同行评审 10
tasks 任务 83
text recycling 文本再利用 196
Results section 结果部分
association in 关联 119
checklist 检查单 136
comparison in 比较 118–119
ditto statement in 同上陈述 119–120
experience essay 经验论文 26
first person in 第一人称 205
for original research with data 用于有数据的原创研究 116–136
patterns in 模式 122
pointer statement 指示器式说明 120
referring to 回溯 100
statement of finding 陈述发现 118
structure of 结构 118–121
summarizing, paraphrasing, quoting in 概括、转述、引用 121–128
tables, figures, visuals in 表格、图表、视觉效果 128–135
revise and resubmit (R&R) 修改后重新投稿 247–248
revision 修改
memo 备忘录 248–249
R&R 修改后重新投稿 247–248
rhetorical reasons for citations 引用的修辞理由 176–177

Robinson, Keith 基思·鲁宾逊 11
R&R. *See* revise and resubmit R&R 见修改后重新投稿

S

SAGE SAGE期刊全文数据库 192
scholarly writing 学术写作 195
  first person in 第一人称 201–203
science-based solutions 科学的解决方案 11
Scopus Scopus 38
secondary sources 二手资料 148, 150
sentences 句子
  clutter 杂乱 219
  pruning 修剪 218–224
  read through 通读 222–223
  repetition in 重复 222
  topic 主题 210
sequential writing process 顺序写作过程 53–56
show 显示 231
significant 显著的 229
Simmel, Georg 奥尔格·西美尔 2, 232
slides 幻灯片
  audience 听众 241
  colors 颜色 241
  reading in presentations 朗读幻灯片 242
  simple and readable 简单易读 240–241
  titles 标题 241
sniff test 嗅觉测试 166–167
social capital 社会资本 9
Social Forces《社会力量》19, 165, 185
Social Networks《社交网络》165
social phenomena 社会现象 1
Social Problems《社会问题》165
Social Psychology Quarterly《社会心理学季刊》165
Social Science Research《社会科学研究》165
society 社会 229
Socindex Socindex 192

Sociological Abstracts《社会学文摘》72
sociological ideas 社会学观点 154
Sociological Methodology《社会学方法》165
Sociological Methods & Research, Population and Development Review《社会学方法与研究、人口和发展评论》165
sociological questions 社会学问题 58–60
Sociological Theory《社会学理论》165
sociological writing 社会学写作
  in academia 学术界的 6–11
  in workplaces 工作场所的 11–14
sociologists 社会学家
  academic 学术界 5
  contexts for writing 写作情境 6
  interpretive and introspective 解释型和内省型 202, 204–205
  methods and theories 方法和理论 96
  middle of the road 中间派 202
  old school 老派 202, 204
  study, methods, goals 研究、方法、目标 7
sociology 社会学 9, 19, 49–50, 164, 165
  in context 情境中的 5–6
  conversation in 对话 1–2
  research literature 研究文献 1
Sociology of Education《教育社会学》165
Sociology of Me 我的社会学 58
sources. *See also* finding literature; plagiarism; reference list 资料（来源）另见查找文献；抄袭；参考文献列表
  appropriate 合适的/恰当的 77–78, 102
  argument 论据 150–153, 178–179
  assessment outline 评估大纲 44–45
  authoritativeness 权威性 167–168
  background 背景 149–150, 178
  bias in 偏见 170
  choosing 选择 163–165
  classic or canonical 经典或正典的 153
  conflict versus agreement among（资料）之间的冲突与一致 43–44
  contemporary 当代的 153
  credentials 证书 167–168

in Introduction section 导言部分 90–93
librarians for 图书馆员 172
method 方法 154–156, 179
novices and 新手和 177
peer-reviewed studies 经同行评审的研究 163–165
primary or secondary 一手或二手的 148, 150
quoting, paraphrasing, summarizing 引用、转述、概括 156–163
for research reports 研究报告 163
sample reference list 参考文献列表示例 172–175
selecting, in library research 选择，在资料研究中 37–40
sequential presentation and 按顺序介绍 99–100
sniff test 嗅觉测试 166–167
theory 理论 153–154, 178–179
timeliness of 及时性 166–167
ways to use 使用方法 148–156
Web pages 网页 191
Wikipedia as 维基百科作为（资料来源）171–172
speaking slowly 演讲速度慢一点 242–243
statement of finding 陈述发现 118
statistical significance 统计显著性 131–132
statistics 统计 69
stereotypes 刻板印象 59
style 样式/风格
active and passive voice 主动语态和被动语态 206–208
coherence 连贯性 209–216
conciseness 简明扼要 216–224
counterarguments and concessions 反驳和让步 224–227
first person usage 第一人称用法 201–206
limitations 局限性 227–228
overview 综述 199–201
phrases and practices to avoid 应避免的短语和做法 230–231
tricky words 棘手的词语 229
subfields 子领域 84
subtitles 副标题 147
summarizing 总结/概述
in abstracts 在摘要中 142
arguments 论点 17–18

in article review 在文章评论中 17–18
avoiding excessive 避免过度的 42
in book review 在书评中 19
context for 上下文 162–163
jargon in writing 写作中的专业术语 161–162
in library research papers 在图书馆文献研究论文中 42
in literature reviews 在文献综述中 6-7
in Literature Review section 在文献综述部分 98
paraphrasing compared to 与转述相比 161–163
in Results section 在结果部分 121–128
sources 资料来源 156–163
in Theory section 在理论部分 98
voice in 声音/观点 158–159
Survey Documentation Analysis 调查文件和分析 72
synthesis 综述 9

T

table of contents 目录 236
tables 表格
description 描述 208
example 示例 134t
explanation 解释 130
labels and numbers 标签和数字 242
in Results section 在结果部分中的 128–135
Tea Party 茶党 5–6
TED Talks TED演讲 242
text recycling 文本再利用
context for 语境 196–197
in grants 在资助申请书中 196
Introduction and Methods sections 导言和方法部分 196
as plagiarism 剽窃 195–197
procedures for 程序 197
research reports 研究报告 196
when acceptable 当可接受时 196
textual gifts 文本礼物 197–198
theoretical framework 理论框架

building 建立 240
establishing 确立 102
original research 原创研究 81
Theoretical Propositions subsection 理论假设小节 102
theory 理论 59
competing 竞争 97
counterarguments in focused genres 在理论为重点的论文中的反驳 227
main concepts and 主要概念和 65
of sociologists 社会学家的 96
sources 资料 153–154, 178–179
Theory and Society《理论与社会》165
Theory section 理论部分
applying theory or model 应用理论或模型 98
checklist 检查单 102–103
conclusion 结论 103
first person in 第一人称 204
hypotheses 假设 100–102
as Introduction section fleshed-out 作为导言部分的充实版 97–98
organizing 条理清晰 102–103
for original research before data 数据获得前的原创研究 96–103
quoting to define key terms 引用关键术语的定义 99
reading aloud 朗读 98
summarizing to define key terms 总结关键术语的定义 98
Theoretical propositions subsection 理论假设小节 102
thesis, in library research papers 论点，图书馆文献研究论文中的 42–43 另见hypothesis 假设
think-aloud response 出声思考回应 130
Tilly, Chuck 查克·蒂利 147
time line 时间安排 113
timeliness of sources 资料来源的及时性 166–167
time-related changes, in Results section 与时间相关的变化，在结果部分 119
titles 标题
article review 文章评论 19
book review 书评 19
experience essay 经验论文 23
journal entry 日记 23
for original research with data 有数据的原创研究 146–147

prospectus 计划书 36
slides 幻灯片 241
strategies for writing 写作策略 146–147
subtitles and 副标题和 147
title page format 扉页格式 235
for visuals 视觉效果 129
Tolstoy, Leo 列夫·托尔斯泰 3
topics 话题/主题
questions compared to 与主题相比较的问题 53, 55, 66
searching 搜索 77
topic sentence 主题句 210
transforming to sociological questions 转化为社会学问题 60
tricky words 棘手的词语 229

U

unit introductions 单元引言 212*t*, 213*t*, 214*f*
coherence in 连贯性 211–215
units of discourse 语篇单元
coherence in 连贯性 210–211
finding own structure 找到自己的结构 215
"Unnecessary Roughness? School Sports, Peer Networks, and Male Adolescent Violence" (Kreager) "不必要的粗暴？学校体育活动、同伴网络与男性青少年暴力行为"（克里格） 211–212, 212*t*
unsupported assertions 无凭无据的断言 230

V

variables 变量 9
control 控制 139
dependent 因变量 64, 68–69
independent 自变量 64
processes for 过程 81
verbs 动词 200, 204
visuals. *See also* figures; graphs; slides; tables 视觉效果 见图表/数字；图表；幻灯片；表格
designing 设计 129–130

display items 展示项目 128
examples 示例 133–135
integrating with text 与文字整合 130–133
organization 条理清晰 129
for presentations of original research 用于原创研究演讲的 240–241
in Results section 在结果部分 128–135
think-aloud response for 出声思考回应 130
tips 提示 130
titles 标题 129
walking readers through 引导读者 132
voice 声音/观点
in library research papers 图书馆文献研究论文 42
when quoting, summarizing, paraphrasing 引用、概括、转述时 158–159
von Helmholtz, Hermann 赫尔曼·冯·亥姆霍兹 2–3

W

Wang, T. Y. T. Y. 王 71
Weber, Max 马克斯·韦伯 1, 193
Web of Science 科学网（Web of Science）38, 72, 76, 77, 192
Web pages 网页
citations from 引用 190–191
in-text citation 文内引用 191
reference list 参考文献列表 191
searches 搜索 62
as sources 作为资料来源 191
Wikipedia 维基百科 77, 175
snooping with 搜索 171–172
as source 作为资料来源 171–172
Winfield, Adia 阿迪亚·温菲尔德 18
workplaces 工作场所 11–14
World Values Survey (WVS) 世界价值观调查 73
writer' s block 写作障碍 36
writing assignments. *See* genres 写作作业 见体裁
writing issues 写作问题
citations 引用 234
paragraphs 段落 234

quotations 引文 233
writing process. *See also* style 写作过程 另见样式/风格
advice 建议 5
early start 早点开始 82
hard work 艰苦的工作 245
iterative versus sequential 迭代式与顺序式 53–56
overview 概述 53–54
success tips 成功窍门 55–56
tips for library research papers 图书馆文献研究论文写作技巧 41–43
WVS *See* World Values Survey WVS 见世界价值观调查

Y

Yelp review Yelp评论 31

Z

Zotero Zotero 80, 185

“进阶书系”—— 授人以渔

在这个信息爆炸的时代，大学生在学习知识的同时，更应了解并练习知识的生产方法，要从知识的消费者成长为知识的生产者，以及使用者。而成为知识的生产者和创造性使用者，至少需要掌握三个方面的能力。

思考的能力： 逻辑思考力，理解知识的内在机理；批判思考力，对已有的知识提出疑问。
研究的能力： 对已有的知识、信息进行整理、分析，进而发现新的知识。
写作的能力： 将发现的新知识清晰、准确地陈述出来，向社会传播。

但目前高等教育中较少涉及这三种能力的传授和训练。知识灌输乘着惯性从中学来到了大学。

有鉴于此，“进阶书系”围绕学习、思考、研究、写作等方面，不断推出解决大学生学习痛点、提高方法论水平的教育产品。读者可以通过图书、电子书、在线音视频课等方式，学习到更多的知识。

同时，我们还将持续与国外出版机构、大学、科研院所密切联系，将“进阶书系”中教材的后续版本、电子课件、复习资料、课堂答疑等及时与使用教材的大学教师同步，以供授课参考。通过添加我们的官方微信“领学东方”（微信号：unione_study）或者电话 15313031008，留下您的联系方式和电子邮箱，便可以免费获得您使用的相关教材的国外最新资料。

我们将努力为以学术为志业者铺就一步一步登上塔顶的阶梯，帮助在学界之外努力向上的年轻人打牢解决实际问题的能力，成为行业翘楚。

品牌总监　刘　洋
特约编辑　刘倩影　何梦姣
营销编辑　王艺娜
封面设计　马　帅
内文制作　胡凤翼